Recuerdos de Cosas que Nunca Pasaron

José Luis Nieto Mingo

ISBN 979-8-89112-778-4 (Edición de bolsillo)
ISBN 979-8-89112-779-1 (Digital)

Crédito de Portada:
Glorín Colón, *Añoranzas* (2017);
30" x 36", acrílico sobre lienzo

Covenant Books
11661 Hwy 707
Murrells Inlet, SC 29576
www.covenantbooks.com

A Glorín, como es natural.

"Yo afirmo que es imposible decir la verdad de las cosas tal como sucedieron, por más veraz que uno pretenda y que uno quiera ser... Ni siquiera podría relatar el fluir de mi pensamiento actual, porque se va rápido, corre más rápido que mis dedos y, al mismo tiempo, por querer escribirlo lo estoy modificando, frustrando, fastidiando la posibilidad de una enorme cantidad de asociaciones mentales que por el solo hecho de atenderlas, no se producen".

Mario Levrero, *El Alma de Gardel*
Herederos de Mario Levrero
2012, Penguin Random House Grupo Editorial,
S.A.U.

Índice

Bajo la lluvia

Aunque la radio aseguraba que llovería toda la tarde, Luis se negó a cambiar sus planes. Sabía que la lluvia era mala para la pesca, pero ya hacía tiempo había descubierto que los verdaderos pescadores no salen a pescar, sino a ver si pescan. "La mayoría de las veces, no se coge nada", recordaba oírle decir a su padre. "Pero eso es lo bueno. ¿Te imaginas lo aburrido que sería si supieras que siempre vas a pescar algo?", decía.

De niño, Luis nunca estuvo de acuerdo con esta teoría, especialmente porque su padre siempre pescaba más que él. Sin embargo, con los años fue aprendiendo a disfrutar el placer de hacer todos los preparativos para salir a pescar y de pasarse un rato solo en algún río o lago remoto. Nunca supo tanto de pesca como su padre, pero su pasión y entusiasmo eran las de un auténtico pescador. Por eso, cuando el cielo empezó a ponerse negro y comenzaban a escucharse lo primeros truenos, Luis continuó haciendo sus preparativos como si nada. «Esta canoa es bastante liviana, y la puedo tirar yo solo por cualquier parte del lago» pensó, mientras repasaba en su mente la lista del equipo que tenía que llevar.

Luis terminó de recoger sus cosas, montó la canoa en el techo de su camioneta y arrancó sin mirar hacia atrás. El camino hasta el lago se le hizo muy corto. Se embelesó pensando en tantas cosas que estuvo a punto de pasarse de la salida de la carretera estrecha que llegaba al lago de San Fernando. San Fernando había sido construido hacía muchos años por el gobierno apresando las aguas del Río Blanco a su paso por el valle entre las montañas. La represa estaba muy vieja y se confundía con la vegetación. Solo los viejos vecinos de la comarca sabían que San Fernando era un embalse artificial.

En la segunda subida, cuando ya comenzaba a verse el lago, empezó a llover con bastante fuerza. Luis se salió por una pequeña vereda que bordeaba la parte sur del lago y estacionó la camioneta casi en el medio de la vereda. «Espero que no se forme mucho barro y que pueda salir de aquí», pensó, pero sin mucha preocupación. Eran tan solo las dos de la tarde, pero ya estaba bastante oscuro. Se bajó de la camioneta bajo la lluvia y se acercó a la orilla para contemplar el lago.

El lago San Fernando era bastante grande y prácticamente no tenía orillas, excepto por la pequeña playa de barro anaranjado en donde Luis estaba parado. Siempre había querido llegar hasta la presa, pero eso suponía cruzar todo el lago. «No, hoy no tengo ganas de pasar tanto trabajo. Voy a salir sin rumbo, y a dejar que la canoa se vaya a la deriva», pensó.

Como si se hubiese quitado un gran peso de encima, Luis regresó a la camioneta y bajó la canoa. Sacó del baúl todo el equipo, se puso la mochila y agarró la caña y el remo con una mano. Con la otra arrastró la canoa hasta a la orilla del lago. Antes de montarse observó el lago nuevamente y sintió los escalofríos que siempre le producen la lluvia cuando empieza a arreciar.

—Va a ser una buena tarde —sentenció.

Luis montó todo adentro de la canoa y se subió con dificultad, haciendo balance para no virarse. Luego se dio un empujón con el remo y se alejó de la orilla. Comenzó a remar con buen ritmo mientras la canoa se deslizaba sin esfuerzo por las oscuras aguas del lago. Al cabo de unos minutos, Luis soltó el remo y contempló por un largo rato el paisaje. El impermeable que tenía puesto lo mantenía bastante seco y eso lo hacía feliz.

Desde pequeño, no había nada que le gustara más que sentir la lluvia. No le gustaba mojarse, pero le hipnotizaba mirar cómo la lluvia empapaba todo mientras él estaba protegido y seco. Se quedó quieto por un largo rato sintiendo la lluvia caer sobre su impermeable. «Me gustaría quedarme aquí para siempre», pensó. De pronto, un relámpago iluminó el cielo gris seguido por truenos que retumbaban muy lentamente.

—¡Ahora sí que esto se está poniendo bueno! —exclamó Luis, quien no tenía ningún reparo en hablar solo en voz alta cuando sabía que nadie le escuchaba.

Las sensaciones que le producían la lluvia eran tan placenteras que siempre podía recordarlas, inclusive años después. Luis tenía muchos recuerdos de momentos remotos de su niñez en los que no pasaba nada fuera de lo común excepto por la lluvia. La lluvia hacía que se acordara de todos los detalles: la ropa que tenía puesta, lo que decía, lo que pensaba, cómo olía. La lluvia le despertaba todos los sentidos y le permitía vivir ese momento intensamente. Por eso, sabía que recordaría aquella tarde por el resto de su vida.

Sentado en su canoa bajo la lluvia, Luis se sintió satisfecho. «En este momento no quiero nada», pensó. Luis nunca miró su reloj, y no supo cuánto tiempo estuvo absorto con sus pensamientos. De pronto, sintió un deseo incontrolable de llorar y lloró. No sabía por qué lloraba, y no podía identificar ningún sentimiento de tristeza. «¿Qué va a pasar cuando me vaya de aquí?», pensó angustiado.

Al cabo de un rato, Luis sacó la caña y empezó a pescar. Sintió ganas de encender un cigarrillo a pesar de que había dejado de fumar hacía muchos años. Estaba muy distraído y pensó que no pescaría nada. Por eso se decidió por la lombriz. No tenía ganas de estar tirando y recogiendo la cucharilla. Además, estaba en el medio de lago y muy lejos de las orillas para pescar bien con un cebo artificial. «¿Qué me diría mi padre si estuviera aquí? Probablemente que así no iba a pescar un carajo. Sí, eso es lo que me diría y tendría razón, pero bueno, yo no vine aquí a pescar, ¿verdad?».

De pronto, Luis sintió un fuerte tirón en el hilo de su caña. La puntera de su caña se dobló hasta meterse dentro del agua y la canoa empezó a bambolearse. «¿Qué podría ser esto? ¿Una lobina? ¿Una tilapia gigante? Tal vez una carpa que llevaba un siglo durmiendo en el fondo de lago?». Luis le daba vueltas a la manivela del carrete con todas sus fuerzas y peleaba aquella criatura como si estuviera pescando una ballena. A medida que aquella cosa iba subiendo a la superficie, Luis podía ver que era inmensa y de color blanco.

Luis no olvidaría jamás aquel rostro de mujer que salió de las profundidades del lago San Fernando. Aunque tenía un aire familiar, estaba seguro de que no la conocía. Tenía los ojos abiertos y lo miraba fijamente. No era posible distinguir el resto de su silueta entre las oscuras aguas, y Luis en un momento dudó si el cuerpo de aquella extraña criatura era humano.

—Qué bien se siente la lluvia, ¿verdad? —dijo la mujer.

—Sí —respondió Luis—. Podría quedarme aquí para siempre.

La mujer le sonrió y le dijo:

—¿De verdad que quieres quedarte aquí para siempre?

—Sí —contestó inmediatamente Luis.

La mujer le tendió la mano a Luis y él la estrechó. Estaba resbaladiza y helada.

—Ven conmigo, Luis —le dijo la mujer agarrándolo fuertemente del brazo—, quédate conmigo aquí bajo la lluvia para siempre.

Luis comenzó a sentir la leve brisa que precede a un fuerte aguacero y nuevamente aquellos deliciosos escalofríos en la espalda y en las piernas. Poco a poco, la lluvia se fue intensificando, y los relámpagos y truenos eran cada vez más seguidos. Sin soltar la mano helada de aquella extraña mujer, Luis pensó que nunca sería tan feliz como lo era en ese momento y decidió que se quedaría con ella bajo la lluvia por toda la eternidad. Colgándose por la borda de la canoa, Luis metió la cabeza debajo del agua para poder ver mejor a la mujer. Pero tan pronto se sumergió en el agua tibia, dejó de sentir la lluvia y se sintió tan triste y desamparado como siempre le sucedía cuando escampaba y cielo comenzaba a aclararse.

«Sí me quedo debajo del agua para siempre, nunca volveré a sentir la lluvia», pensó.

—¡No! ¡Eso no puede ser, no, no, no! —comenzó a gritar Luis, mientras trataba con todas sus fuerzas de soltarse de aquella mano helada.

Finalmente, la mujer lo soltó y comenzó a hundirse lentamente. Lo último que Luis alcanzó a ver fue el rostro resplandeciente de la mujer perderse entre un remolino de burbujas transparentes en las oscuras aguas del lago.

Asustado, Luis comenzó a remar hacia la orilla. La lluvia era cada vez más ligera, y comenzaban a verse algunos rayos de sol haciéndose paso entre las nubes. La sensación de confort y bienestar desapareció inmediatamente, y Luis comenzó a sentir calor y náuseas. Sacó atropelladamente la canoa del agua y la montó en la camioneta. Recogió el equipo a toda prisa y emprendió el camino de regreso a su casa. El cielo había vuelto a cerrarse y comenzaba a llover nuevamente.

La visibilidad era pésima y Luis trataba con todas sus fuerzas de mantener sus cinco sentidos en la carretera. Sin embargo, no podía dejar de pensar en aquella extraña mujer que sacó de las profundidades del lago. La lluvia siempre avivaba su imaginación y por unos minutos dudó si el encuentro con aquel espectro había sido real. «¿Qué importa si fue real o no?», pensó mientras desempañaba el parabrisas con el dorso de su mano derecha. «De ahora en adelante sé que pasaré el resto de mi vida tratando de volver a ver a la dama del lago», pensó con resignación.

Al llegar a su casa, Luis se bajó de la camioneta y entró por la puerta de la cocina. Estaba oscureciendo y la lluvia caía ahora con fuerza sobre el techo de la terraza.

—Hola, mi amor —saludó su esposa Eva—, ¿qué pescaste?

—Nada, como siempre —contestó Luis.

—Pues yo la verdad no entiendo a quién le puede gustar pasar una tarde bajo la lluvia en un lago, y para colmo no pescar nada —sentenció su mujer.

Sin hacer ningún gesto, Luis miró a su esposa mientras se quitaba las botas mojadas y le dijo:

—Me voy a dar un baño caliente, y vengo a comerme algo.

Luis caminó hasta su habitación, procurando no resbalarse con las gotas de agua que caían al suelo de su pelo mojado con cada paso que daba. Con gran esfuerzo, se quitó la ropa y la dejó amontonada en una esquina del baño mientras esperaba a que empezara a salir agua caliente de la ducha. Cuando empezó a empañarse el espejo del baño, Luis se metió en la ducha y se quedó quieto por un largo rato sintiendo el agua caliente correrle por todo su cuerpo. Cerró con fuerza los ojos y miró hacia arriba para sentir la fuerza del chorro de agua caliente en su cara.

Al cabo de un largo rato, Luis cerró el agua y se quedó dentro de la ducha sin encontrar fuerzas para secarse y vestirse. Se echó encima una toalla y salió a su habitación en penumbras. Afuera seguía lloviendo con fuerza. Por un momento pensó meterse en la cama, pero Eva estaba en la cocina esperándolo para comer. Se vistió con resignación y caminó hasta la cocina, donde Eva le esperaba sentada leyendo una revista.

—¿Quieres sopa o la carne que sobró de ayer? —preguntó Eva.

—Sopa, no tengo mucha hambre. Estoy muy cansado y me quiero acostar —dijo Luis.

—Es que, ¿a quién se le ocurre salir a pescar con la tormenta que está cayendo? —increpó Eva—. Podías haberte quedado aquí descansando, o haciendo algo de provecho.

Luis había escuchado muchas veces ese mismo sonsonete, así que no contestó nada. Terminó de comerse la sopa en silencio y se despidió de Eva.

—Me voy a dormir, hasta mañana.

—Hasta mañana —contestó Eva—, espero que mañana amanezcas mejor.

Luis caminó con dificultad hasta la habitación y se tiró vestido en la cama. Se quedó dormido inmediatamente y comenzó a soñar. Soñó que regresaba muchas veces al lago San Fernando en busca de la mujer que sacó de sus profundidades, pero nunca podía encontrarla. Se despertó sobresaltado y sintió que Eva estaba durmiendo a su lado. La lluvia seguía azotando con fuerza las ventanas de su habitación y Luis volvió a sentir la enorme felicidad de sentirse arropado y confortable mientras afuera arreciaba la tormenta.

Como llovía con fuerza, Luis no tuvo ninguna dificultad en recrear en su mente todo lo que había sucedido esa tarde en el lago. Estaba seguro de que había algo familiar en la cara de aquella mujer, y además, ella lo había llamado por su nombre. Sin embargo, seguía sin entender por qué le había preguntado que si quería quedarse allí bajo la lluvia con ella para siempre cuando ella no podía sentir la lluvia en el fondo del lago. Comenzó a ponerse nervioso cuando se dio cuenta de que ya estaba obsesionado con aquella mujer y de que no volvería a tener uno solo momento de paz hasta que pudiera volver a verla.

Tratando de no hacer ruido, Luis se levantó y caminó hacia la cocina que se iluminaba intermitentemente por los relámpagos de la tormenta que seguía azotando con fuerza. Abrió la puerta y salió a la terraza en donde se sentó a oscuras disfrutar de la lluvia. Cerró los ojos y no hizo ningún esfuerzo para evitar mojarse con las pequeñas gotas que las ráfagas de viento le tiraban encima. Deseaba con todas sus fuerzas volver a ver a la mujer y estaba decidido a hacer cualquier cosa para encontrarla.

Mientras se encontraba este estado de trance, Luis pensó sin abrir los ojos en todas las cosas que tendría que hacer para poder encontrarla. Ir todos los fines de semana a pescar al lago, a ver si volvía a tirarle del hilo de su caña. «No, eso no sé si va a funcionar. A lo mejor solo aparece cuando está lloviendo», pensó. «Además, eso podría tomar mucho tiempo. Tengo que aprovechar y encontrarla esta misma noche», concluyó Luis, mientras pensaba cómo iba a explicarse a Eva que tenía que ir al lago San Fernando de madrugada y en medio de una tormenta.

Convencido de que sería inútil tratar de resistir la obsesión de volver a ver a la dama del lago, Luis corrió hasta su cuarto y sin despertar a Eva tomó lo primero que encontró y se vistió con prisa en la oscuridad del cuarto. Salió de puntillas hacia el pasillo y tomó las llaves de la camioneta que estaban encima de la mesa de la cocina. «Menos mal que no bajé las cosas de la camioneta cuando llegué del lago ayer por la tarde», pensó aliviado. «Ahora puedo me puedo ir de prisa antes de que Eva se dé cuenta».

Luis salió corriendo de su casa bajo la lluvia y se montó de un salto en la camioneta. Tenía puesto el impermeable y le costaba mucho trabajo moverse dentro de la cabina. Además, las gotas de agua que se deslizaban apresuradamente por las mangas del impermeable había mojado el asiento y comenzaban a calarle los pantalones.

—Qué más da —dijo en voz alta—, si esta noche voy a acabar empapado.

Siguió conduciendo muy pendiente de la carretera y no pensó en todas las explicaciones que tendría que darle a su mujer cuando regresara. Nunca había ido al lago de noche y menos en medio de una tormenta, pero esto tampoco le preocupó. Lo único que le preocupaba era que dejara de llover, ya que estaba convencido de que la dama volvería a aparecer solamente mientras estuviera lloviendo.

Al cabo de un rato, divisó con dificultad la salida del camino que llegaba al lago y redujo la velocidad. A pesar de que no había ningún otro auto en la carretera, Luis puso el intermitente antes de doblar por la estrecha carretera, y la camioneta comenzó a patinar de lado a lado por aquel tobogán de lodo. A medida que la camioneta subía con dificultad la cuesta que llegaba al lago, Luis miraba absorto el paisaje que se iluminaba a ratos por los relámpagos de la tormenta que no daba señales de tregua.

Tan pronto llegó a la vereda que bordeaba el lago, Luis aparcó apresuradamente la camioneta y se bajó con el impermeable desabrochado. Seguía lloviendo con fuerza y estaba completamente empapado. Su estado de agitación le hizo sentir calor a pesar de que hacía frío. Se quitó el impermeable, y de un tirón bajó la canoa del techo de la camioneta. Lo único que tomó consigo fue el remo y una linterna que no alumbraba muy bien y que parecía que podía apagarse en cualquier momento.

Luis arrastró la canoa hasta la orilla del lago y luego de resbalarse varias veces en el lodo consiguió montarse con gran esfuerzo. Comenzó a remar sin mirar hacia donde se dirigía y al cabo de un rato se detuvo. «No tengo la más puta idea de donde estoy», pensó.

—La verdad es que esto es una verdadera locura. ¡¿Cómo voy a encontrarla?! —gritó en voz alta—, si ella fue la que me encontró a mí.

De pronto sintió la emoción de quien piensa que ha hecho un gran descubrimiento.

—Claro, eso es, yo no tengo que encontrarla a ella, ella me va a encontrar a mí.

Sin pensarlo dos veces, se puso de pie en la canoa y comenzó a gritar como un demente:

—¡Aquí estoy! ¡Aquí estoy!

La canoa comenzó a bambolearse, y Luis cayó al agua. Tenía pantalones largos y botas puestas y se le hacía muy difícil mantenerse a flote. La lluvia había empezado a amainar y la luz de los relámpagos que le permitía ver en la oscuridad del lago era cada vez menos frecuente. En ese momento, Luis cayó en cuenta que no podía ver nada. No sabía dónde estaba la canoa, ni la orilla. A pesar de que nunca le había tenido miedo al agua, pensó por primera vez en su vida que podía ahogarse. Decidió hacer el menos esfuerzo posible para conservar fuerzas, pero la ropa mojada y las botas le impedían flotar.

Cuando pensó que ya no podía mantenerse a flote, Luis sintió unas manos heladas que le acariciaban la cara y vio el rostro iluminado de la dama del lago que lo miraba con dulzura.

—Sabía que volverías —le dijo—, ¿te quieres quedar aquí para siempre?

—Sí —respondió Luis—, pero ¿ya no podré sentir más la lluvia?

La mujer se sonrió, pero no contestó. Luis y la dama del lago comenzaron a hundirse lentamente en las profundidades del lago. Estaban agarrados de la mano. Luis nunca sintió miedo ni tampoco tristeza por el mundo que dejaba atrás.

Durante meses, las autoridades buscaron sin éxito el cuerpo de Luis en las oscuras aguas del lago San Fernando. Sus amigos y familiares siempre negaron rotundamente que se hubiera tratado de un suicidio. Sin embargo, toda la evidencia recopilada durante la investigación apuntaba a que Luis había salido de su casa en medio de una noche de tormenta y se había metido en el lago con una canoa. Había dejado todo el equipo de pesca en la camioneta. No faltaba ninguna de sus pertenencias, y ninguno de los vecinos había visto o escuchado nada.

Eva nunca pudo perdonarle. Se había ido si darle ninguna explicación. Le partía el corazón imaginarse lo mucho que había estado sufriendo, quizás durante años, y que no le hubiese dicho nunca nada. Resentía sobre todo que no hubiese tenido el valor de dejarla.

—¡Ay, Luis! —suspiró—, no sé qué es lo que pensabas que ibas a encontrar.

El Hotel Lancaster

Martín entró en la recepción del Hotel Lancaster sin saber si terminaría alojándose allí. Lo había visto desde el autobús cuando entró a la ciudad por primera vez y por alguna razón que no alcanzaba a comprender, le llamó la atención. Había estado vagando por la ciudad todo el día, y se sentía muy solo.

—Buenas tardes, señor, ¿en qué puedo servirle?

—¿Tienen habitaciones disponibles?

—Sí, señor.

—¿Y cuál es el costo?

—4,200 pesos la noche, con impuestos incluidos.

—Muy bien. Tomaré una.

—¿Cuántas noches?

—Solo una, regreso a mi país mañana.

—¿Es la primera vez que nos visita?

—Sí, pero ya llevo unos cuantos días en la ciudad. Me estaba hospedando en otro sitio porque estaba en un congreso que terminó esta mañana. Todo el mundo se marchó, pero yo no regreso hasta mañana.

–Entiendo. Pues aquí está muy bien localizado. ¿Necesita ayuda con su equipaje?

—No, tengo solo esta maleta pequeña.

—Muy bien. Aquí está la llave de su habitación. Puede llamar acá a la recepción si necesita cualquier cosa.

—Mucha gracias.

Martín tomó la llave de la habitación y se dirigió hasta el quinto piso. Abrió la puerta y entró a una habitación, limpia, pero bastante pequeña. Colocó su maleta en el armario y se dejó caer encima de la cama. A los pocos minutos se quedó dormido. Cuando despertó ya había oscurecido. Estaba desorientado y no sabía con certeza en dónde estaba. Pudo observar que el televisor de la habitación estaba encendido, y que había una bandeja con restos de comida encima del mueble que estaba al lado de la cama. Se sobresaltó al escuchar una voz de mujer proveniente del baño.

—Martín, mi amor, ¿piensas dormir todo el día?

—¿Quién es? —respondió Martín.

—¿Otra vez vas a empezar con esto? ¿Otra vez te olvidaste de mí? —contestó la mujer desde el baño.

Al poco tiempo, Martín observó a contraluz una silueta que se acercó a la cama y se sentó a él. Tenía puesta la bata del hotel, y parecía que acababa de darse una ducha.

—Anda, levántate —le ordenó—. Y date una ducha que quiero salir a comer.

Martín la volvió a mirar extrañado y ella le sonrió. Le dio un beso suave en los labios que Martín reciprocó mientras pensaba qué decir. Como no se le ocurría nada, se levantó y se dirigió al baño. Se miró en el espejo y no notó nada raro. No tenía la menor idea de quién era aquella mujer. Pensó que sería mejor darse una ducha y luego ver si ella le decía algo que le refrescara la memoria. Cuando salió de bañarse, ella ya estaba vestida y tomaba champán de una botella que estaba colocada en la hielera junto a la cama.

—¿Qué me miras con esa cara? —dijo la mujer riendo.

—Es que no sé quién eres —respondió tímidamente Martín.

—Bueno, si vas a volver con esta misma historia me voy. ¿Quieres que me vaya?

—No —respondió Martín, sin saber realmente por qué lo hacía.

—Entonces acábate de vestir y vamos a salir a comer.

Martín decidió no contradecir a la mujer, se vistió en silencio.

—¿Dónde vamos a ir a comer?

—Ya te dije que quería volver a ese sitio en el centro. Donde cominos la primera vez que nos conocimos.

Sin atreverse a decir otra cosa, Martín respondió:

—No recuerdo cómo se llama.

—Santa Catalina

—Ah sí, claro —fingió recordar Martín.

—Bueno, date prisa. Voy a bajar para hablar con el *concierge*, para que confirme nuestra reservación y la excursión de mañana.

A Martín no se le ocurrió nada que decir. Realmente no tenía idea de quién era esa mujer, pero ella le hablaba con tanta naturalidad que no podía creer que estuviese mintiendo. Nuevamente hizo un esfuerzo por recordar cualquier cosa que pudiera darle una pista de quién era, pero todo resultó inútil. Terminó de vestirse y bajó a la recepción del hotel. Encontró solamente al empleado que le había recibido cuando llegó por la tarde a pedir un cuarto.

—¿Se le ofrece algo, señor?

—Sí, estoy buscando a... —En ese momento, Martín cayó en cuenta de que no sabía cómo se llamaba la mujer que había estado con él en la habitación.

—Perdón, ¿a quién busca?

—A una mujer de pelo castaño, con un traje verde oscuro. ¿No ha venido a pedir que le confirmen una reservación?

—No, señor, aquí no ha venido ninguna mujer.

—¿Salió entonces del hotel? —preguntó Martín extrañado.

—No, señor. Aquí no ha entrado ni salido nadie del hotel en la última hora.

—Pero no puede ser. Ella acaba de bajar ahora mismo. Me dijo que iba a hablar con el *concierge* para confirmar nuestra reservación en Santa Catalina, y nuestra excursión de mañana.

—Bueno, señor, nosotros no tenemos un *concierge*, pero con mucho gusto yo puedo hacerle una reservación para cenar.

—¿Pero está seguro de que no la ha visto? ¿Tal vez algún otro empleado?

—No hay ningún otro empleado aquí. He estado aquí desde las siete de la mañana, y mi turno termina a las diez de la noche. Hasta esa hora no vendrá ningún otro empleado.

—No entiendo. Ella acaba de bajar ahora mismo.

—¿Cómo se llama la señora?

—En realidad no lo sé —respondió Martín.

—¿No sabe cómo se llama la mujer que busca?

—No.

—Pero usted dice que bajó hace unos minutos. ¿Estaba en su habitación? —Martín miró al empleado con suspicacia, y él enseguida se excusó—: No, señor, si yo no digo nada, pero como me dijo que acababa de bajar asumí que estaba en su habitación.

—Bueno, sí estaba, lo que pasa es que... —Martín no terminó la frase.

—No se preocupe. Gracias.

—¿Quiere que le diga algo si viene a preguntar por usted?

—No, nada, gracias. Buenas noches.

—Buenas noches, señor.

Aturdido por la desaparición de la mujer, Martín salió a la calle. Paró un taxi y pidió que lo llevaran al restaurante Santa Catalina.

—¿Santa Catalina? —preguntó el taxista extrañado—. ¿El que estaba en el centro?

—Sí, creo que sí.

—Señor, este restaurante cerró hace más de diez años.

—¿Cómo qué cerró?

—¿Usted no es de aquí verdad?

—No, estoy de visita en un congreso.

—¿Hacía mucho que no venía?

—Nunca había estado aquí. Es la primera vez.

—¿Y cómo conoce del Santa Catalina?

—Una amiga me invitó.

—Ya veo. Tal vez se equivocó. ¿Quiere que le lleve a otro sitio?

—¿Me puede llevar al centro, al sitio en donde estaba el restaurante?

—Sí, claro, pero no es una zona muy buena para ir de noche.

—A no, ¿por qué?

—Es peligrosa. Muchos rateros. Le conviene mejor quedarse por aquí cerca del hotel, o ir hasta la zona norte de la ciudad.

Sin saber qué hacer, Marín sacó su billetera y tomó un billete de 200 pesos. Se lo entregó a taxista y le dijo:

—Perdone la molestia, pero he cambiado de opinión. Me voy a quedar por aquí.

—¿Está seguro?, lo puedo llevar a la zona norte. Allí hay muchos sitios buenos.

—No, gracias, me quedo aquí. Buenas noches.

—Buenas noches, señor, y gracias.

Martín se bajó del taxi y se quedó mirando la entrada del Hotel Lancaster desde la acera. No sabía qué hacer. Primero pensó volver a su habitación y acostarse a dormir. Después de todo, al día siguiente emprendería el largo viaje de regreso a su casa y sería mejor que tratara de descansar. Sin embargo, pronto descartó la idea ya que estaba seguro de que se le haría imposible quedarse dormido pensando a dónde se había ido la mujer que estuvo en su habitación. Decidió caminar por los alrededores del hotel y buscar un sitio en donde tomarse un trago y comer algo. Vagó sin rumbo por la avenida principal en dirección al norte de la ciudad. Iba distraído mirando los escaparates de las tiendas, y buscando un sitio que le pareciera apropiado para comer solo. De pronto se topó con el Café Bar Fénix. Tenía la apariencia de ser un sitio muy antiguo, y desde la entrada podría verse una amplia barra de madera, poblada de hombres y mujeres de edad madura. Entró y se sentó en la barra y pidió un vino.

—¿De la casa, o quiere ver la carta?

—De la casa

—Muy bien. ¿Va a cenar?

—Sí, me gustaría comer algo.

—Enseguida le traigo un menú.

El camarero le trajo una jarra de vino tinto. Se sirvió una copa y observó a la gente a su alrededor. Parecían ser clientes habituales del local. Volvió a pensar en la mujer de la habitación. ¿Quién podía ser ella? Le había besado y dicho mi amor. Además, se había bañado y vestido es su habitación. Era evidente que habían estado juntos, pero ¿cuándo? Era la primera vez que visitaba aquella ciudad, y estaba seguro de que no la había conocido en el congreso. El camarero colocó un menú frente a Martín, sacándolo de estos pensamientos.

—La sopa del día es de verdura. Está muy buena.

—Gracias —respondió Martín sin mucho entusiasmo—. Creo que tomaré la sopa, y luego el asado de cordero con papas fritas.

—Muy bien, señor. Enseguida le traigo pan.

Martín se sirvió otra copa de vino. Lamentó no tener nada para leer, así que continuó contemplando a la gente que estaba sentada en la barra. Había dos hombres mayores que parecían ser viejos amigos tomando whiskey. Uno de ellos parecía estar bastante borracho. Al darse cuenta de que Martín los estaba mirando, el borracho le dijo:

—Dígame si no es verdad, amigo, que los políticos son todos unos ladrones.

—Bueno —dijo tímidamente Martín—, yo estoy aquí de visita. No conozco a los políticos de su país.

—No importa —tronó el borracho—. Son iguales en todas partes.

—Vamos, vamos, deja en paz a ese señor, que no ha venido aquí a escuchar tus sermones —le dijo el otro, mirando a Martín como si acabara de reprender a un niño.

—Bueno, pues perdón. No era mi intención molestarle.

—No se preocupe que no me molesta. Tenía planes para cenar con una amiga, y me los ha cancelado.

—Ah sí. ¿Por portarse mal? —gritó el borracho entre risotadas.

—Vamos, Miguel, no seas imprudente.

—Uh, es verdad, perdone señor.

—Tiene que disculpar a mi amigo. Es una buena persona, pero se pone muy pesado cuando bebe.

—Nada, no se preocupe. Me llamo Martín.

—Yo Gilberto.

—Mucho gusto. Veo que está solo. ¿Le importa si lo acompañamos?

—No, claro.

—Le invito un trago.

—Estoy tomando vino

—Pues muy bien. ¡Carlos! —gritó—, tráele aquí al señor otra jarra de vino.

—Enseguida.

Al poco tiempo apareció Carlos con el vino y el plato que había ordenado Martín. Empezó a comer mientras Gilberto le contaba:

—Pues verá, Martín, estamos aquí esperando a la esposa de Miguel. Trabaja en el Hotel Lancaster, aquí cerca.

—¿El Lancaster dice?

—Sí —contestó Gilberto.

—Ahí es en donde me estoy hospedando.

—Ah, no me diga. Oye Miguel, que aquí el amigo Martín se está hospedando en el Lancaster.

—¿Qué? —balbuceó Miguel, dando muestras de estar cada vez más borracho.

—Qué Martín se está quedando en el hotel donde trabaja Cristina.

—Ah, bueno, Cristina lleva todo el día allí. Debe estar por salir. Le dije que viniera aquí a encontrarse con nosotros cuando saliera de trabajar.

—Y, ¿qué le trae por aquí? —preguntó Gilberto.

—Soy profesor de literatura y vine a la ciudad a un congreso. Se terminó ayer, pero mi vuelo de regreso no es hasta mañana. Decidí venir a quedarme en el centro, para ver un poco de la ciudad, y me hospedé en el Lancaster.

—¿Así que esta es su última noche por acá?

—Así es, tomo un vuelo de regreso mañana temprano.

—¿Y pensaba quedarse cenando aquí solo en la barra?

—Bueno, es que había quedado en encontrarme con una amiga, pero parece que me dejó plantado.

—Ya veo —respondió Gilberto, sin atreverse a preguntar nada más.

De pronto, Martín fijó sus ojos en la entrada del bar, por donde había entrado una mujer parecida a la que había estado en su habitación. Miró en la dirección en que se encontraba Martín, y levantó la mano para saludar con una enorme sonrisa. Martín se iba a levantar para saludarla cuando se dio cuenta de que a quien estaba saludando era a Gilberto. De pronto Gilberto gritó:

—¡Oye Miguel, ahí está Cristina!

Miguel miraba hipnotizado su vaso de whiskey y no parecía escuchar a Gilberto. La mujer se dirigió hacia ellos y saludó a Gilberto con un beso. Luego miró en dirección a Miguel y le preguntó:

—¿Y este qué? ¿Ya está borracho?

—Vamos, mujer —contestó Gilberto—, déjalo tranquilo. Ya sabes que no le gusta que pases tanto tiempo en el hotel.

Martín trataba de mirar a la mujer con disimulo, pero no podía evitar fijarse en sus ojos en busca de alguna reacción. Gilberto los presentó:

—Cristina, este es Martín. Está de visita en la ciudad por primera vez.

Cristina miró a Martín y sonrió:

—Mucho gusto, Martín. Soy Cristina, la esposa de Miguel.

—Encantado —respondió Martín con una leve sonrisa—. ¿Me dijo que se llama Cristina?

—Sí, así es.

—Perdone, pero es que su cara me es muy familiar.

—¿Ah sí? —respondió Cristina—. ¿Y a quién me parezco?

—A una amiga que conocí aquí en la ciudad.

—Ya veo, ¿y cómo se llama su amiga? —preguntó Cristina sin dejar de sonreír.

—Pues es muy curioso, pero también se llama Cristina.

—¿Vino a visitarla?

—No, vine por un congreso, y aproveché para verla.

Cristina miraba a Martín a los ojos fijamente mientras hablaba, como queriéndole decir que le siguiera la corriente. Martín estaba seguro de que era la misma mujer del hotel, así que pensó que sería mejor seguir con aquel juego para ver si podía averiguar algo más sobre ella.

—¿Y dónde dejó a la otra Cristina?

—No sé. Creo que debe haberse ido a su casa. Me invitó a tomar un trago aquí cuando saliera de su trabajo, pero me da la impresión de que cambió de opinión.

—¿Y lo dejó así plantado?

—Bueno, nos encontramos esta tarde en el Hotel Lancaster, y quedamos en ir a cenar en un restaurante del centro. Ella salió antes porque me dijo que iba a llamar a su marido para decirle que no la esperara para comer porque iba a llegar tarde. Quedamos en encontrarnos aquí para tomar un trago, y luego ir al centro a cenar. Parece que cambió de opinión.

—¿Y qué le hace pensar eso? —le preguntó Cristina haciéndose la curiosa.

—No sé. Tal vez a su marido no le hizo gracia que fuera a cenar con otro hombre.

—Tal vez no pensaba decirle nada a su marido —sugirió Cristina.

—¿Cómo qué nada?

—Bueno, digo que si su marido es un tipo celoso, tal vez pensó que era mejor no decirle nada. Inventarse que iba a salir tarde del trabajo, y entonces ir a cenar con usted.

—Puesto de esa manera —dijo Martín con una gran sonrisa—, a lo mejor quería algo más que ir a cenar.

—Tal vez, tal vez —coqueteó Cristina—. ¿A usted qué le parece?

Martín la miró fijamente a los ojos, pero enseguida cortó, pensando que Gilberto y Miguel tendrían que ser demasiado tontos para no darse cuenta de lo que estaba pasando. Miró de reojo a Gilberto y se tranquilizó al darse cuenta de que no había estado escuchando la conversación. Miguel, por otro lado, observaba fijamente su vaso de whiskey sin decir una palabra.

—Bueno, no sé —continuó Martín—, el caso es que no se presentó. —Sin dejar de observar fijamente a Cristina, Martín miró su reloj y dijo—: Mi vuelo sale mañana en la mañana, así que me parece que será mejor que me vaya a dormir.

—Tiene razón, lo mejor es que regrese al hotel y que se acueste. A lo mejor Cristina le llama más tarde a contarle por qué no pudo venir, o para despedirse ¿no cree?

Martín tuvo que hacer un gran esfuerzo para no reírse. Pagó su cuenta y se despidió de Gilberto. Miguel levantó la vista y murmuró algo ininteligible mientras Martín se ponía su abrigo y se despedía de Cristina con mucha formalidad.

—Mucho gusto, señora, y buenas noches.

—Buenas noches, Martín. Que tenga buen viaje. Espero que pueda despedirse de la otra Cristina.

Martín volvió a mirar rápidamente a Gilberto, y vio que estaba discutiendo con Miguel que acababa de derramar su trago. Sin esperar una respuesta, Martín les dijo un apresurado "buenas noches", y comenzó a caminar hacia la puerta. Siguió caminando sin darse la vuelta, pero estaba seguro de que Cristina lo seguía con la mirada.

El aire fresco de la calle le hizo bien. Se sentía cansado y confundido. Pensó por un minuto seguir a otro sitio a tomarse otro trago, pero la realidad era que no conocía la ciudad y no tenía ganas de andar vagando por la calle. Pensó que el día había sido muy extraño, y que lo mejor sería acostarse a dormir. Recorrió el mismo camino de regreso al Hotel Lancaster, y entró al vestíbulo. Le dio las buenas noches al empleado que estaba en el mostrador. No era el mismo con el que había hablado antes de irse.

Preguntó si tenía algún mensaje. El empleado le contestó que no.

Subió en el ascensor hasta el quinto piso, y al abrir la puerta de su habitación se sorprendió al ver la luz del baño encendida. Cerró la puerta con cuidado y se sentó en la cama. De pronto, sonó el teléfono, y Martín dio un salto para contestarlo.

—Hola, hola.

—Martín, ¿cómo le va? Es Miguel.

—Hola, Miguel —tartamudeó, tratando de disimular su nerviosismo—. ¿Está todo bien?

—Sí —le contestó Miguel—. Mira, por favor dile a Cristina que estoy en casa y que me voy a acostar. Hoy salió otra vez de la casa sin llave. Dile que se la dejé enterrada en la maceta que está al lado de la puerta de la entrada.

Martín pensó en algunas posibles respuestas, pero decidió quedarse callado.

—Bueno, compadre —dijo Miguel—, buenas noches.

—Buenas noches —alcanzó a decir Martín antes de que Miguel colgara el teléfono.

Martín colgó el teléfono y fue hasta el baño. Corría el agua de la ducha. Descorrió la cortina y descubrió que no había nadie. Cerró el grifo y salió a la habitación donde comenzó a desvestirse. Tiró toda su ropa encima de una butaca y se acostó en calzoncillos sobre la cama. Cogió el teléfono y llamó a la recepción.

—Buenas noches.

—Buenas noches, señor, ¿en qué podemos servirle?

—Necesito una llamada para despertarme a las cinco y media de la mañana.

—Muy bien, señor. ¿Alguna cosa más?

—No, gracias. Buenas noches.

—Buenas noches, señor.

Martín pensó que no podría dormir, pero se quedó inconsciente tan pronto colgó. A la mañana siguiente se levantó apresuradamente al escuchar el teléfono. Se dio una ducha rápida y terminó de hacer su maleta. Salió de su habitación de camino al ascensor cuando se topó con Cristina.

Estaba vestida de empleada del hotel, y empujaba un carro lleno de toallas y ropa de cama. Martín se le quedó mirando y ella le dijo:

—Buenos días, señor.

—Buenos días —respondió Martín.

—¿Necesita algo?

—No, ya me voy, gracias.

Martín siguió caminando hasta el ascensor y apretó el botón para bajar. Cuando se abrió la puerta, Martín entró con su maleta y marcó el botón del lobby. Mientras se cerraba la puerta, pudo ver a Cristina parada en el pasillo junto al carro de las toallas. Apretó rápidamente el botón para evitar que se cerrara la puerta y le gritó:

—Cristina.

Ella levantó la vista y le contestó:

—¿Sí?

—La puerta del ascensor comenzó a cerrarse de nuevo y Martín solo alcanzó a decirle:

—Miguel te dejó a llave de la casa enterrada en la maceta que está al lado de puerta de la entrada.

El camino del árbol púrpura

—¿Estás loco? ¿Cómo vamos a ir caminando hasta el cementerio?

Benjamín escuchaba en silencio las preguntas que le hacía Jorge, pero no daba ninguna señal de estarle haciendo caso.

—El cementerio está lejísimos. Yo creo que debe tomarnos como diez horas llegar a pie, —exageró Jorge—. Esto es, claro está, si es que podemos encontrarlo. Tú sabes que la única vez que fuimos allí fue el día del entierro, y nos llevaron en un autobús desde el colegio. No me acuerdo de la ruta para llegar, ni tú tampoco ¿verdad?

Benjamín escuchaba el catálogo de razones que recitaba Jorge para no emprender el camino hasta el cementerio, pero permaneció en silencio. Observaba absorto cómo las nubes iban formando un telón negro que se tragaba poco a poco el pedazo de cielo azul que quedaba en el horizonte encima de las montañas.

—Además, mira cómo se está poniendo la tarde —continuó Jorge sin tregua—. Va a caer tremendo aguacero.

Sin dejar de mirar al horizonte, Benjamín respondió en un tono monótono:

—Todos le prometimos a Carlitos que nunca le olvidaríamos, y que iríamos a visitarlo. Eso fue hace más de dos años, y nunca hemos vuelto al cementerio. Tampoco han vuelto ninguno de los chicos del colegio.

—Bueno, hombre —contestó Jorge—, eso son cosas que se dicen en los entierros.

—¿Ah sí? ¿Así que todo era mentira? —preguntó Benjamín mirando ahora de frente a Jorge.

—No, no, no es que no fuera verdad. Yo nunca he olvidado a Carlitos.

—Pero nunca lo has ido a visitar al cementerio. Ni yo tampoco.

—Y qué importa eso. ¿Tú de verdad crees que a los muertos se les puede visitar? ¿Qué se dan cuenta o que les importa si alguien va a ver el sitio donde se pudren sus restos?

—Ese no es el punto —tronó Benjamín.

—¿Ah no? ¿Y cuál es el punto? —increpó Jorge con sus brazos extendidos y las palmas de sus manos apuntando hacia el cielo.

—Que no hay por qué mentir.

—Ay, no seas pendejo, Benjamín. Tú sabes que la gente dice montones de cosas que no son verdad, pero que no son realmente mentiras. Se dicen por cortesía. ¿Qué esperabas que dijéramos todos el día del entierro? "Carlitos, adiós para siempre. Nunca más te recordaremos. Nunca más vendremos a verte". Pues claro que no. La gente dice lo que dijimos todos.

Benjamín sabía que Jorge tenía razón. También él pensaba lo mismo. Sin embargo, estaba seguro de que podía llegar a hacer a Jorge sentirse culpable por no haber ido nunca al cementerio a visitar a Carlitos, y convencerlo de que lo acompañara hasta allí.

Benjamín se quedó callado, mirando al suelo y moviendo la cabeza de lado a lado. La clave estaba en resistir la tentación de seguir hablando.

Jorge fue el primero en hablar.

—Bueno, ¿qué vamos a hacer?

—Pues lo correcto. Vamos a ir a visitar a Carlitos —dijo Benjamín con mucha solemnidad—. Si no quieres venir, no importa, pero yo voy. —Mientras terminaba de decir estas palabras, Benjamín se levantó de la cuneta en donde estaban sentados y comenzó a caminar hacia la calle.

—Espera, espera —gritó Jorge—. ¿Qué les vamos a decir a nuestros padres? Vamos a regresar tardísimo. Además, nos vamos a empapar.

—Ya te dije que si no quieres venir, que no vengas. Yo me voy.

Jorge sabía que Benjamín se iría aunque él no le acompañara, y que después se arrepentiría de no haber ido.

—Está bien —dijo Jorge, mientras apretaba el paso para alcanzar a Benjamín—. Nos vamos a meter en tremendo lío, pero...

Los dos amigos caminaron por un largo rato sin decir nada. Aunque no estaban seguros de cómo llegar al cementerio, sabían que tendrían que caminar por lo menos una hora en dirección al pueblo del Sagrado Corazón. Una vez llegaran al pueblo, tenían un vago recuerdo de que el cementerio se encontraba en una pequeña carretera que se llamaba el Camino del Árbol Púrpura.

Benjamín y Jorge nunca se habían alejado tanto de sus casas. Pasaron el centro comercial, y luego de cruzar la avenida divisaron el letrero rectangular con una flecha que apuntaba hacia la derecha y decía "Sagrado Corazón, 10 km". Continuaron caminando en la dirección a la que apuntaba flecha y pronto encontraron el comienzo de la estrecha carretera 926 que llevaba hasta Sagrado Corazón.

Los grandes árboles y la espesa vegetación que bordeaba la carretera parecían la entrada un túnel largo y oscuro. Todavía no había empezado a llover, pero los truenos y relámpagos que iluminaban las montañas que les separaban de Sagrado Corazón presagiaban que la tormenta se desataría en cualquier momento.

Al sentir las primeras gotas del aguacero, Benjamín comenzó a correr hacia la oscura entrada de la carretera 926 y a los pocos segundos Jorge dejó de verle. La lluvia comenzaba a arreciar, y Jorge corrió en la misma dirección esperando poder guarecerse debajo de los árboles que arropaban la carretera.

Jorge comenzó a caminar por la orilla de la carretera sin divisar rastro de Benjamín. Se sobresaltó al ver un gran camión que se dirigía hacia él con las luces encendidas. Para esquivarlo, Jorge tuvo que adentrarse en la maleza, acercándose peligrosamente al barranco que corría paralelo a la carretera. «Esta no es la mejor ruta para caminar», pensó, mientras se esforzaba por regresar a la carretera.

Los grandes árboles lo protegían bastante de la lluvia que seguía cayendo con fuerza. Resignado, Jorge siguió caminando por la orilla de la carretera buscando con la vista algún rastro de Benjamín. De pronto le pareció escuchar música y divisó a lo lejos un destartalado cafetín que se encontraba en el lado opuesto de la carretera. Continuó caminando hacia el cafetín, y cuando estuvo de frente pudo leer un letrero de plástico que anunciaba el ingenioso nombre con el que habían bautizado el noble establecimiento: "La Loma". Jorge cruzó la carretera y entró por la puerta central. Encontró a Benjamín parado frente a la barra con una cerveza en la mano y fumando un cigarrillo. Una vieja vitrola tocaba uno de esos boleros que le gustaban a su padre.

—¡Coño, por fin!, pensaba que te habías rajao —gritó Benjamín al ver a Jorge—. Jefe, por favor, dele una cerveza a mi amigo.

El viejo que se encontraba detrás del mostrador le echó un vistazo a Jorge y preguntó con una sonrisa:

—Este también tiene dieciocho años, ¿verdad?

—Por supuesto —contestó Benjamín, mientras se abanicaba con un billete de diez.

El viejo sacó una botella de cerveza de la nevera de metal empotrada debajo del mostrador que estaba pegado a la pared, en donde se exhibían hileras torcidas de botellas de ron, whiskey y ginebra. Abrió la botella y la colocó encima de la barra. Jorge se acercó a Benjamín, la agarró y bebió tímidamente un sorbo. Después volvió a colocarla sobre la servilleta de papel que el viejo había puesto sobre la barra.

—¿Nos vamos a emborrachar? —preguntó Jorge.

—No sé —contestó Benjamín al tiempo que tomaba un trago tan grande que no pudo contenerlo en la boca y que empezó a escurrírsele por la garganta.

—Tú parece que ya estás tocado, ¿no? —le dijo Jorge riendo.

—¡Qué va! —respondió Benjamín, mientras trataba de hablar luego de tirarse un sonoro eructo—. Toma, fúmate un cigarrillito —dijo Benjamín mientras extraía torpemente una cajetilla del bolsillo de su camisa.

—¿Compraste una cajetilla? —le preguntó Jorge sorprendido—. ¿Y qué vas a hacer con ella? ¿La vas a llevar a tu casa?

—Es solo media cajetilla, creo que nos la terminamos hoy.

Jorge tomó un cigarrillo y lo encendió con los fósforos de cartón que le habían regalado a Benjamín. Ambos habían comenzado a fumar a escondidas hacía poco tiempo y todavía se mareaban cada vez que encendían un cigarrillo. No era un mareo desagradable, sobre todo combinado con la cerveza, que siempre les provocaba cierta euforia, por lo menos al principio.

El cafetín estaba vacío, y afuera llovía ahora con más fuerza. Entre el humo de los cigarrillos y la melodía de los boleros, Benjamín y Jorge discutían con el porte de dos auténticos borrachos.

—Todavía no puedo creer que Carlitos esté muerto —filosofó Jorge.

—Sí, es verdad —respondió Benjamín—. No se supone que nadie se muera a los quince años.

—Tú sabes que antes de que se muriera Carlitos, yo nunca había visto un muerto —confesó Jorge.

—¿Nunca? ¿Ni a tus abuelos? —preguntó extrañado Benjamín.

—No, nunca —reafirmó Jorge—. A mis abuelos paternos nunca los conocí, y cuando se murieron los papás de mami yo era muy pequeño. Me quedé en casa de unos vecinos, y no fui al funeral ni al entierro.

—Pues yo sí había visto muertos, pero todos viejos —respondió Benjamín.

—¿Y qué pensaste cuando viste a Carlitos? —preguntó Benjamín.

—No sé —respondió Jorge—. Fue bien raro porque cuando me acerqué al ataúd no me parecía que fuera Carlitos.

—Es que les ponen muchas cosas cuando los embalsaman —explicó Benjamín—. También los maquillan. Creo que en el accidente no sufrió daños en la cara, pero no estoy seguro. A lo mejor sí.

—Yo tampoco sé —continuó Jorge—. El caso es que para mí, aquella persona que estaba en la caja no era Carlitos. Por eso no sentí pena. No pude llorar como lloraban los demás chicos del colegio.

—Esas cosas pasan —contestó Benjamín sin saber en realidad qué quería decir con eso.

El efecto de las cervezas y los cigarrillos les hizo pensar que discutían temas muy profundos, y que probablemente aquella conversación llegaría a alguna conclusión importante.

—Por eso es que tenemos que cumplir nuestra promesa y llegar hasta el cementerio para visitar a Carlitos —dijo Benjamín con gran solemnidad.

—Es verdad —respondió Jorge—. Tenemos que llegar, así que paga y arranquemos.

Salieron del cafetín a la carretera y la lluvia seguía cayendo con fuerza. A pesar de que ya estaban empapados y de que todavía tendrían que caminar un largo trecho antes de llegar a Sagrado Corazón, Benjamín y Jorge se sentían bien. Todavía un poco eufóricos por el efecto del alcohol y la nicotina, caminaban rápidamente por la carretera 926 que serpenteaba a través de las montañas. Benjamín se detuvo al llegar a un pequeño cobertizo de madera y techo de zinc que servía como parada para esperar el autobús.

—Vamos a meternos ahí un rato. Quiero fumarme un cigarrillo.

Sin parar de hablar, Jorge siguió a Benjamín hasta el interior de la parada y tomó el cigarrillo que le ofrecía Benjamín, al tiempo que buscaba entre los bolsillos de su pantalón el paquete de fósforos de cartón que milagrosamente parecían estar secos.

Benjamín encendió su cigarrillo, y luego de darle una larga calada le pasó los fósforos a Jorge. Con el humo todavía en los pulmones, Benjamín miró a Jorge y le dijo:

—Déjame preguntarte algo. ¿Tú de verdad piensas que ir a visitar a los muertos al cementerio es una pendejada?

Tratando de imitar a Benjamín, Jorge inhaló profundamente el humo que tenía en la boca y comenzó a toser violentamente.

—No es que piense que es una pendejada —respondió Jorge, mientras intentaba suprimir su tos—. Lo que digo es que visitar los cementerios es algo que la gente hace para complacer a los vivos, no para consolar a los muertos.

—¿Así que tú crees que a Carlitos no le importa si lo van a visitar o no? —preguntó Benjamín.

—Pues claro que no —tronó Jorge—. Carlitos está muerto.

—Claro que está muerto, ¿pero y su espíritu? —ripostó Benjamín, mientras retomaba la marcha hacia la carretera.

—Bueno, yo no sé si hay o no hay espíritu —respondió Jorge mientras se apresuraba a seguir a Benjamín—. Pero si de verdad existe ese espíritu, ¿por qué se va a quedar en el cementerio?

—Buen punto —concedió Benjamín. ¿Así que lo importante qué es, visitar a los espíritus, o ir a lucirte al cementerio?

—Yo creo que las dos cosas —respondió Jorge.

Benjamín miró a Jorge, pero no dijo nada. Los dos siguieron caminando. La carretera comenzaba a abrirse y a lo lejos empezaba a divisarse Sagrado Corazón.

—Una vez entremos al pueblo, creo que tenemos que tomar la carretera que va hacia el oeste y más o menos por ahí comienza el Camino del Árbol Púrpura —dijo Benjamín sin mucha seguridad.

—Recuerdo que el camino ese del Árbol Púrpura era bastante estrecho, y que el cementerio quedaba a mano derecha —respondió Jorge.

La lluvia comenzaba a amainar, pero el cielo seguía gris plomo, lo que aseguraba que seguirían mojándose.

—Ya no falta tanto —dijo Benjamín, tratando de sonar optimista.

—Sí —respondió Jorge—, creo que más o menos en una hora debemos estar allí.

—¿Qué vamos a hacer cuando lleguemos al cementerio? —preguntó de pronto Jorge.

—No sé —respondió Benjamín—, lo que la gente hace en el cementerio.

—Bueno, flores no traemos —dijo Jorge, tratando de no sonar sarcástico.

—Claro que no traemos flores. No vamos hasta allí para llevar flores. Vamos para hablar con Carlitos, o con su espíritu.

—O para rezar —interrumpió Jorge.

—También, si quieres, ¿por qué no? —acortó Benjamín.

Jorge sonrió y continuó el paso. Sabía que Benjamín no tenía contestación para ninguna de sus preguntas porque para hablar con el espíritu de Carlitos, o para rezar por su alma, no había que dar ese viaje. Imaginaba que Benjamín en realidad no sabía lo que iba a hacer una vez llegaran al cementerio. Continuaron el camino descendente sobre la carretera 926 hasta que finalmente entraron al pueblo de Sagrado Corazón.

—Tengo sed —dijo Benjamín al comenzar a caminar por las aceras de la calle principal del pueblo—. Creo que debemos entrar a algún sitio a tomarnos otra cerveza, y de una vez preguntamos cómo llegar al cementerio.

Jorge no puso ninguna resistencia. El efecto de las cervezas que se habían tomado en La Loma ya había desaparecido, y comenzó a sentir la boca seca y las piernas pesadas dentro de sus pantalones mojados. Benjamín buscaba otro bar como La Loma, donde una buena propina aseguraba que nadie iba a ponerse demasiado curioso sobre su edad. Optó por una de las calles estrechas que corrían en dirección a la parte norte del pueblo. En una esquina divisó el colmado "Trinidad". Sentados frente al negocio, un grupo de viejos desarrapados bebían de latas y botellas enfundadas en bolsas de papel de estraza. Benjamín entró al colmado y salió con dos latas de cerveza y un cigarrillo en la boca. Se acercó a Jorge extendiendo la mano para darle la cerveza y la cajetilla de cigarrillos.

—Quedan cuatro —reportó a Jorge.

—Ya lo sé —respondió Benjamín—. ¿Compramos otra para el regreso?

—No sé —dijo Jorge—, vamos a terminar botándolos.

—No creo —se apresuró a decir Benjamín moviendo la cabeza—. En los cementerios se fuma mucho.

—¿Ah sí? —dijo Jorge entre risas—, será en las películas. Vamos a ver, ¿cuántas veces has ido tú a un cementerio?

—Bueno, la verdad es que a visitar así como hoy nunca —confesó Benjamín—. Fui al entierro de Carlitos y al de mi abuelo, pero no he ido a visitar. Bueno —dijo Benjamín—, voy a comprar otra de todas maneras. Si no nos los fumamos hoy, los dejo escondidos en el parque cerca de casa.

Mientras Benjamín entraba al colmado a comprar más cigarrillos, Jorge se acercó al grupo de viejos y les preguntó que si sabían en dónde quedaba el cementerio. El que parecía estar menos borracho le contestó:

—Eso queda en el Camino del Árbol Púrpura.

—Sí —respondió Jorge—. ¿Cómo se llega al camino?

—Pues mira, mijo, es aquí cerca. Sigue caminando hasta que pases la iglesia, y después cuando veas la ceiba, enseguida a la derecha empieza el camino.

—Muchas gracias —respondió Jorge.

—Y ¿para qué quieren ustedes saber dónde está el cementerio? —preguntó el viejo.

—Pues verá —comenzó a explicar Jorge mientras Benjamín se les acercaba—, vamos a ver la tumba de un compañero nuestro que murió hace dos años.

—Ya veo —respondió el viejo, que parecía dudar de lo que le estaba diciendo Jorge—. Lo que pasa es que eso va a ser difícil porque el cementerio ya está cerrado. ¿No sabían que el cementerio cierra a las 5 de la tarde? —preguntó el viejo extrañado.

—No, no lo sabíamos —respondieron ambos a coro.

—¿No habían venido antes?

—No, esta es la primera vez —se apresuró a decir Benjamín.

—¿Y dicen que su amigo se murió hace dos años? —volvió a preguntar el viejo cada vez más receloso.

—Sí —respondió secamente Benjamín, sin poder disimular que comenzaba a incomodarse con las insinuaciones del viejo.

—Bueno, muchachos, tómense sus cervezas con calma —dijo el viejo entre sonrisas—, porque al cementerio no van a poder entrar hoy.

Benjamín y Jorge se sentaron encima de unas cajas vacías a pocos metros de donde se encontraban los viejos. Ambos fumaban en silencio mientras pensaban lo que iban a decir. De pronto, otro viejo que cargaba un perrito en los brazos se les acercó y les dijo:

—Moisés me dijo que venían al cementerio a ver a un amigo de ustedes.

—Sí —respondieron los dos a la vez—, pero nos dijo que ya está cerrado.

—Cierran a las 5. —El viejo continuó acariciado al perrito hasta que al fin les preguntó—: ¿Y qué van a hacer ahora?

—Pues acabarnos la cerveza y comenzar a caminar a nuestras casas —contestó Benjamín.

—¿Y qué hubieran hecho si hubieran podido entrar? —preguntó el viejo.

—Pues hablar con nuestro amigo —dijo Benjamín observando atentamente la reacción de Jorge.

—Pueden hablar con él aquí, ¿no? —le respondió el viejo.

—Ya lo sé —respondió Benjamín—. Pero queríamos hacerlo allí, frente a su tumba.

—Sí, eso lo hacen muchos. Yo vivo ahí en el Camino del Árbol Púrpura, y veo a la gente venir y entrar al cementerio. Algunos traen grandes ramos de flores. Otros no traen nada, y pasean un rato por el cementerio. Yo tengo a mi esposa ahí, y no entro nunca.

—¿Murió hace poco? —preguntó Jorge.

—Qué va, hace quince años.

—¿Y por qué no entra?, —preguntó Jorge.

—Porque me da vergüenza que la gente me vea. Me miran como si fuera un pordiosero y piensan que voy a pedirles dinero —explicó el viejo—. Yo hablo con mi esposa todos los días. No me hace falta entrar.

—Usted cree que perdimos el tiempo viniendo hasta aquí para visitar a nuestro amigo —preguntó Jorge mirando de reojo a Benjamín.

—No lo sé —respondió el viejo—. Mucha gente decide hacer el Camino del Árbol Púrpura. Los veo desde mi casa. Yo creo que vienen porque se sienten más solos que los muertos que visitan.

Jorge escuchaba las palabras del viejo mientras esperaba alguna reacción de Benjamín que fumaba en silencio mirando al suelo. Sin levantar la vista, Benjamín tiró la colilla y la aplastó lentamente con su zapato.

—Creo que debemos iniciar el regreso —murmuró.

—Tienes razón —se apresuró a decir Jorge.

Hablaron muy poco durante camino de regreso a sus casas. Ninguno de los dos se atrevió a decir lo que estaba pensando.

A través de los años, Benjamín y Jorge hicieron juntos muchas veces el Camino del Árbol Púrpura, pero nunca entraron al cementerio.

Pariske Komune

Milka vivía sola en un apartamento de la zona vieja de la ciudad. Todas las mañanas se levantaba temprano y se sentaba a mirar por la ventana mientras tomaba el primer café del día. Entonces le vio. Caminaba a través del parque con paso decidido hacia su edificio. «Debe ser él», pensó. Se puso de pie para poder seguirlo con la vista mientras entraba al portal. Al poco tiempo escuchó que llamaban a la puerta. Milka se acercó y preguntó:

—¿Quién es?

—Buenas, me dijeron que tiene un cuarto para alquilar —respondió la voz de un joven al otro lado de la puerta.

Milka abrió un poco la puerta sin quitar la cadena y examinó al joven de arriba a abajo. El joven sonrió y Milka volvió a cerrar la puerta. La abrió de nuevo lentamente y le preguntó:

—¿Dónde te habías metido?

Perplejo, el joven repitió:

—Estoy buscando un cuarto para alquilar.

—Vamos, entra —ordenó Milka. El joven entró tímidamente y escuchó la puerta cerrase a sus espaldas—. Ya era tiempo —dijo Milka mientas caminaba hacia la cocina.

El joven se quedó parado en medio de la sala sin saber qué decir. Colocó su mochila en el suelo junto a sus pies y esperó a que Milka regresara. La radio estaba encendida y trasmitía las noticias de la mañana.

—¿Qué haces ahí parado? —le preguntó Milka al salir de la cocina con otra taza de café en la mano—. Lleva tus cosas al cuarto y vuelve enseguida que necesito que vayas a comprarme unas cosas.

El joven trató de decir algo, pero Milka le interrumpió haciendo un gesto con la mano. Sacó un billete de veinte del bolsillo de su bata y se lo dio al joven diciéndole:

—Tráeme una docena de claveles amarillos.

El joven dobló el billete y lo metió en el bolsillo del pantalón. Milka tomó la mochila y mientras se dirigía al pasillo miró al joven con impaciencia y le dijo:

—Vete ya de una vez, y no te entretengas.

Sin atreverse a responder, el joven salió del apartamento. Se quedó frente a la puerta esperando a ver si Milka salía, pero no lo hizo. Decidió que sería mejor ir a buscar las flores y regresar cuanto antes para buscar su mochila. Bajó las escaleras casi corriendo. Paró en seco al sentir la luz del sol en sus ojos cuando salió del portal. Caminó en dirección hacia el parque en busca del puesto de flores. Hacía frío, pero el sol le calentaba mientras no soplara el viento.

El joven llegó al puesto de flores sin tener idea de lo que era un clavel. Se acercó a las primeras flores amarillas que vio y las olió.

—¿Son para tu novia? —preguntó un hombre gordo que calzaba botas de goma y tenía puesto un delantal blanco encima del abrigo.

—No —respondió el joven—, son para mi madre.

—¿Y tu madre quiere girasoles?

—No, claveles —respondió el joven.

El vendedor le miró extrañado y le dijo:

—Esos no son claveles.

—No, ya lo sé —dijo el joven tratando de disimular su ignorancia—. Quiero una docena de claveles amarillos —dijo con seguridad.

—Me quedan unos cuantos. Los tengo guardados en la camioneta. Los pido para una señora que viene a comprarlos todas las semanas.

—A sí, ¿y vive por aquí?

—Sí, allí en el edificio del frente —dijo el vendedor señalando al lugar de donde venía el joven—. Se llama Milka. Es viuda. Dicen que está loca, pero a mí no me parece que lo esté. Vivía con su hijo Luka. Al principio ella venía a comprar los claveles. Todas las semanas sin falta. Siempre compraba lo mismo. Después parece que empezó a quedarse ciega, y mandaba a Luka a comprarle las flores. Después él murió en aquel terrible bombardeo antes de que terminara la guerra. Desde entonces, todas las semanas viene algún chico a comprar una docena de claveles amarillos. Los veo caminar con el ramo en la mano de camino al edificio donde vive Milka. Tú eres la única otra persona que ha venido a comprar claveles amarillos.

—Ya veo —respondió el joven.

—¿Cómo te llamas?

—Nikola —dijo el joven.

—Zoran, mucho gusto —respondió el vendedor.

Nikola pagó los claveles con el billete que le había dado Milka y comenzó a caminar de vuelta al apartamento. No estaba seguro de lo que haría cuando regresara, pero Milka lo estaba esperando. Iba pensando en lo feo que se veía desde allí el edificio donde vivía Milka cuando sintió que los tallos mojados de los claveles que llevaba en su mano izquierda empezaron a sobresalir a través del papel de periódico en el que Zoran los había envuelto. Sin dejar de caminar, trató de recomponer la envoltura y se manchó las manos de tinta. Aunque hacía sol, una ráfaga de aire frío le recordó que apenas comenzaba el mes de enero, y que todavía quedaba un largo trecho hasta la primavera. Apretó el paso y llegó al portal. Subió rápidamente los peldaños de la escalera y se paró frente a la puerta del apartamento. No se escuchaba nada. De pronto, Milka abrió de la puerta de un tirón y le arrebató el ramo de claveles que tenía en la mano. Sin decir una palabra se dio la vuelta y se dirigió hacia la cocina. Nikola la siguió y cerró la puerta.

Observó que junto al fregadero había un florero de vidrio verde que parecía ser muy pesado. Milka sacó de un cajón una enorme tijera y comenzó a cortar los tallos de los claveles. Echó un poco de agua en el florero y los colocó con mucho cuidado.

—Ya está —dijo satisfecha.

Nikola la observaba desde entrada de la cocina sin atreverse a decir nada.

—Ve a lavarte las manos —ordenó sin levantar la vista de los claveles.

—Sí, ya voy —respondió tímidamente Nikola mientras retrocedía y caminaba hacia el pasillo en busca del baño.

El apartamento estaba en penumbra y notó que tenía muy pocos muebles. Antes de llegar al baño, Nikola vio a través de la puerta entreabierta de un cuarto que su mochila estaba sobre la cama. Empujó la puerta con la punta de los dedos y entró. El cuarto no era muy grande. La cama tenía una cabecera de metal de la que colgaba un rosario de cuentas de madera. Al fondo, junto a la ventana, pudo ver una enorme pila de periódicos sobre un pequeño escritorio de madera y un ropero de dos puertas. Una luz tenue se filtraba entre las cortinas. Sin atreverse a encender la luz, Nikola se acercó a la cama para coger su mochila. Tan pronto la agarró se dio cuenta de que estaba vacía. La tiró sobre la cama y sintió que le latían los oídos. Tratando de mantener la calma se acercó al armario y abrió las dos puertas a la vez. Toda su ropa estaba allí. Las cerró rápidamente temiendo que Milka pudiera aparecer en cualquier momento y se apresuró a salir de la habitación.

Entró al baño, y después de encender la luz, cerró puerta con pestillo. Se acercó al lavabo, abrió el grifo del agua fría y la dejó correr un rato sobre sus manos. Después tomó la enorme pastilla de jabón amarillo que estaba posada sobre un platillo de cocina que se balanceaba en la orilla del lavabo y comenzó a lavarse las manos lentamente. Se miró al espejo y preguntó en voz alta:

—¿Qué hago yo aquí?

Cuando regresó a la sala, Milka había puesto la mesa. Había solamente un plato.

—Siéntate, Luka —ordenó Milka—, que ahora te traigo la sopa.

Nikola se sentó frente al plato y Milka regresó de la cocina con una olla humeante en las manos. Se acercó a Nikola y le sirvió dos cucharadas grandes de sopa. Por el olor parecían ser acelgas. Nikola empezó a revolver aquel potaje con la cuchara tratando de adivinar qué tenía y reconoció algunas verduras. Pensó que no estaba mal y se la tomó de buena gana a pesar de que no le gustaban las acelgas. Cuando terminó, Milka retiró el plato y se lo llevó a la cocina.

—Me alegra que te hayas comido la sopa —dijo Milka desde la cocina—. Ya sé que debes estar cansado de comer todos los días lo mismo. Te prometo que cuando termine esta maldita guerra volveremos a comer carne.

Nikola se quedó callado porque no se le ocurría qué decir.

—Me voy a dormir la siesta —dijo Milka—. Estate pendiente por si viene el cartero.

—Muy bien —respondió Nikola, mientras Milka desaparecía por el pasillo.

Al oír cerrarse la puerta de la habitación, Nikola se levantó de la mesa y fue caminando sigilosamente hasta la habitación en donde estaba su ropa. Sin encender la luz, comenzó a meterla toda apresuradamente dentro de la mochila. Luego se asomó al pasillo y comprobó que la puerta que debía ser de la habitación de Milka estaba cerrada. Con la mochila en un hombro, salió hasta la sala que seguía en penumbra. El único toque de color que pudo distinguir fueron los claveles amarillos que Milka había colocado junto a la ventana. Se dirigió hacia la puerta y quitó la cadena con cuidado. Luego abrió la puerta y la cerró lentamente después de salir. Bajó las escaleras lo más rápido que pudo y salió a la calle. Continuó su marcha sin mirar atrás y no se detuvo hasta que atravesó el parque y llegó frente al puesto de las flores. Zoran le saludó con la mano y Nikola hizo un gesto con la cabeza, pero siguió caminando.

A pesar de que se encontraba lejos de su casa, Nikola quiso seguir el camino a pie. Se sentía aturdido y no tenía ganas de montarse en el autobús. Mientras caminaba pensaba en Milka. ¿Se acordaría de él cuando se levantara de la siesta?

Al cabo de un largo rato llegó a la parada donde debió dejarle el autobús. Desde allí caminó un par de cuadras y llegó a su casa.

—Hola, Nikola —le dijo su madre al entrar a la casa—. ¿Encontraste sitio para mudarte?

—No, mamá —respondió Nikola—. Fui a preguntar en el edificio que está frente al parque, pero allí nadie está alquilando cuartos.

—No sé por qué quieres irte de aquí.

—¿Otra vez vas a empezar con lo mismo, mamá?

—Es que no entiendo qué necesidad tienes de gastar el poco dinero que ganas alquilando un cuarto cuando ya tienes uno aquí —respondió la madre.

—Mamá, ya te he dicho que no puedo seguir viviendo contigo toda mi vida.

—Bueno, como quieras. ¿Tienes hambre?

—No, comí algo por la calle. Me voy a acostar. Mañana quiero salir temprano a seguir buscando un cuarto. Entro a trabajar a las diez. Hasta mañana.

—Hasta mañana, hijo.

Nikola fue a su cuarto y se tendió sobre la cama. Volvió a pensar en Milka. Imaginaba a la pobre señora despertándose de la siesta y buscándole por el oscuro apartamento. Tal vez había pasado toda a la tarde asomada a la ventana esperándole. Después de todo, ella pensaba que él era su hijo. ¿Se acordaría?

Finalmente pudo dormirse. Soñó que compraba claveles amarillos y que caminaba con ellos por toda la ciudad cuando de pronto comenzaba el bombardeo. Sin atreverse a soltarlos, trataba de refugiarse en uno de los edificios derruidos desde donde su madre y Milka le gritaban "¡Corre hijo! ¡Aquí, aquí!".

Se despertó sobresaltado y vio en su reloj que eran las seis de la mañana. Todavía estaba oscuro. Se vistió rápidamente y fue al baño. Mientras se aseaba pensó en el sueño que había tenido. Milka y su madre estaban juntas, y las dos le habían llamado hijo. Terminó de peinarse y salió a la cocina. Calentó un café que había sobrado del día anterior y salió de su casa camino a la parada del autobús. Hacía frío. Se alegró de no haber tenido que esperar mucho cuando vio el autobús acercándose a la parada y se montó con torpeza. Caminó hacia el único asiento vacío que había en la parte de atrás y sentó. Observó la cara de cansancio y de resignación de los demás pasajeros y volvió a pensar en Milka. Cuando vio por la ventana que se acercaban a la parada del parque que estaba cerca del puesto de flores de Zoran, se levantó de su asiento para bajarse. Otros pasajeros hicieron lo mismo en silencio, levantándose antes de que el autobús parara. Agarrándose de la fría barra de metal que corría paralela al techo del autobús, Nikola fue caminando pacientemente detrás del resto de los pasajeros que iban a bajarse en esa parada. Al salir sintió el aire frío y se colocó la bufanda encima de la nariz. Siguió caminando hacia puesto de flores de Zoran que todavía no había abierto. Comenzó a atravesar el parque con la vista fija en el edificio de Milka. Pensó que probablemente ya estaría despierta. A pesar de que el viento frío hacía que se le humedecieran los ojos, hizo un esfuerzo por enfocar su vista hacia las ventanas. No pudo distinguir a nadie asomado.

Llegó hasta el portal del edificio y miró su reloj. Las siete y media. De seguro que Milka ya estaría despierta. «Los viejos duermen poco», pensó. Entró al portal y comenzó a subir las escaleras lentamente. Temía encontrarse con Milka y pensó que si la veía, saldría corriendo. Continuó subiendo hasta que llegó a la puerta del apartamento de Milka y se paró frente a ella procurando no hacer ruido. Dudó un momento en si llamar a la puerta. ¿Qué le diría? ¿Para qué había ido allí? No podía evitar sentir lástima por aquella señora que no conocía, pero que pensaba que él era su hijo. De pronto escuchó unos pasos acercándose a la puerta y el correr de la cadena. Cuando se abrió la puerta, Nikola vio a un joven salir del apartamento y escucho la voz de Milka gritar:

—Luka vete ya de una vez. Tráeme los claveles y no te entretengas.

Nikola dejó pasar al joven que bajaba las escaleras a toda velocidad y se cruzó con él sin mirarle. Siguió bajando detrás del joven hasta que salieron del edificio y lo siguió con la vista mientras atravesaba el parque en dirección al puesto de flores de Zoran. Estuvo tentado a salir corriendo detrás de él, a preguntarse quién era y por qué estaba en casa de Milka. ¿Le tomaría por un loco? Pensó que sería mejor esperar a que regresara con las flores y preguntarse si sabía dónde vivía Milka. ¿Y qué solucionaría con eso? Si confirmaba que ella vivía en aquel edificio y que las flores eran para ella, ¿qué le diría? Volvió a mirar su reloj y comprobó que pronto entraba a trabajar. Sin quitarle los ojos de encima al joven, Nikola continuó caminando hacia el puesto de flores y vio que estaba abierto. Desde la esquina observó como Zoran buscaba una docena de claveles amarillos de su camioneta y los envolvía en papel de periódico para dárselos al joven.

Al ver que el joven regresaba con los claveles en dirección al edificio, Nikola salió corriendo y volvió a meterse en el portal para esperarlo. Cuando el joven entró al portal con los claveles en la mano, Nikola le salió al paso y lo empujó contra la pared. Le arrebató los claveles de la mano y mirándole fijamente a los ojos le gritó:

—Lárgate de aquí ahora mismo, y no vuelvas nunca.

Tembloroso, el joven retrocedió caminando de espaldas hacia la salida. Nikola hizo un amague de perseguirle, y tan pronto se vio fuera, comenzó a correr en dirección hacia el parque. Nikola arregló como pudo la envoltura de los claveles que se había roto durante el forcejeo. Se dio la vuelta y comenzó a subir las escaleras. Cuando estuvo frente a la puerta, cambió el ramo de claveles a su mano izquierda y tocó con la derecha tímidamente. Milka abrió la puerta y se quedó mirándolo fijamente. Entonces le dijo:

—Pensaba que no ibas a venir, Luka.

—No te preocupes, mamá —respondió Nikola—. Ya estoy aquí, y no me voy a ir nunca.

La cita

—Pensaba que no ibas a llegar.

—Pues sí, aquí estoy. ¿Te sorprende?

—No. Lo que pasa es que había imaginado tantas veces este momento que ahora que parece que ha llegado, no me creo que pueda ser real. No siento que nada sea distinto.

—¿Y qué pensabas que ibas a sentir?

—No sé. Miedo, conmoción. Algo así.

—Sí, claro, y que ibas a ver una luz brillante que te llenaría de paz, y que verías pasar tu vida ante tus ojos, como una película, ¿no es así?

—Le estás quitando todo el misterio al proceso.

—Es que no hay ningún misterio. Es lo único de lo que podías tener certeza en tu vida.

—Ya, pero como es la primera vez...

—Vaya, qué bien. Me alegra que no hayas perdido el sentido del humor.

—¿Debería estar asustado?

—Bueno, eso depende.

—Me lo imagino. Depende de que haya sido bueno o malo.

—No sabía que eras tan gracioso. Me parece que sí tienes miedo.

—No, no tengo miedo. Pero me hubiera gustado despedirme de algunas personas.

—¿Y qué les hubieras dicho?

—Nada, lo de siempre. Que me hubiera gustado pasar más tiempo con ellas, haber sido más comprensivo, más cariñoso.

—Te burlas. ¿Piensas que nada de eso es importante?

—No me burlo. Ni pienso que no sea importante. Lo que pasa es que esto de los arrepentimientos al final me parece una gran hipocresía.

—A sí, y ¿por qué?

—Porque no creo que la gente haga las cosas sin darse cuenta. ¿No te parece que es demasiado fácil?

—¿El qué?

—Ser un cabrón toda la vida y luego arrepentirte al final.

—¿No piensas que la gente sea capaz de arrepentirse?

—Puede que sí, pero si no haces algo mientras todavía queda tiempo me parece que no tiene ningún valor.

—Siempre fuiste rencoroso.

—Sí, es verdad. Nunca creí eso de que el perdón libera. Que te quita una carga de encima. La gente dice muchas pendejadas que nadie se atreve a contradecir.

—A ti te gusta ser el iconoclasta.

—No, no es eso. Lo que pasa es que la mentalidad de la manada nunca me ha convencido. Es más fácil seguir a la manada que arriesgarse a quedarse solo.

—No hay duda de que el que se queda fuera de la manada es más vulnerable.

—Es cierto. Pero eso solo funciona si te lo crees.

—¿Le guardas rencor a muchas personas?

—La verdad es que sí.

—¿A todos los que piensas que te han ofendido?

—No, no a todos.

—¿Has perdonado a algunos?

—Claro. Ha habido quienes realmente se han arrepentido de lo que me han hecho.

—Y ahora tú quisieras pedirle perdón a alguien.

—No.

—Y ¿qué quieres hacer?

—¿Me vas a conceder tres deseos?

—No, pero me gustaría saber cuáles serían.

—Lo he pensado muchas veces. Desde que era pequeño. La lista ha ido cambiando a través de los años. Ahora creo que tan pronto me los concedieran ya estaría insatisfecho.

—¿Nunca has deseado la felicidad?

—Claro que sí. Todo el tiempo. Lo que pasa es que ahora se me hace cada vez más difícil definir qué es la felicidad. Tardé muy poco en darme cuenta de que los deseos de siempre, ser rico, ser inmortal, resucitar a los muertos, poder volver al pasado, son cosas que no me van a garantizar la felicidad.

—¿Crees que la felicidad es inalcanzable?

—No sé.

—¿Nunca has sido feliz?

—Sí.

—Entonces ¿por qué no es posible que vuelvas a serlo?

—Porque los momentos felices son irrepetibles. Mucha gente dice que son felices porque no se atreven a aceptar que no lo son.

—¿Y si hablamos de cosas más concretas?

—Probablemente diríamos menos mentiras. El pánico de admitir que no sabemos nada nos lleva a decir muchas estupideces.

—¿Y el amor?

—¿Qué pasa con el amor?

—¿Tampoco importa?

—Claro que importa. Lo que pasa es que el amor no es lo mismo para todo el mundo. Por eso, cuando te dicen "Ya no me quieres" o "Tú no quieres a tus padres o a tus hijos", la inclinación natural es a negarlo indignado. No dice la canción que cada quien quiere a su modo.

—Me parece que complicas todo demasiado.

—No, yo no hago nada. No pretendo explicar el mundo. Lo que pasa es que a los que pretenden explicar cosas que no tienen explicación les molesta que les demuestren que sus explicaciones no funcionan.

—¿Piensas que hay cosas que no tienen explicación?

—Sí, y que es preferible reconocerlo a tratar de inventarse algo.

—Pero la gente necesita creen en algo para seguir adelante.

—Puede que sí.

—¿Crees que ahora encontrarás explicaciones?

—No sé. Durante muchos años pensé que sí. Que la vida era un camino que a medida que se iba recorriendo, revelaba sus respuestas. Hoy no pienso igual, y estoy tan confundido como al principio. Me siento más viejo, más cansado, más desilusionado, pero no más sabio.

—¿Rencoroso y también pesimista?

—Tal vez sí. ¿Qué importancia tiene? ¿Qué valor tiene ser un optimista profesional?

—¿No piensas que ser optimista podría hacerte más feliz?

—Puede que sí, puede que funcione para los que sean tan afortunados que hayan alcanzado a comprender el significado de la felicidad.

—¿Y tú no estás en ese grupo?

—No creo. Al menos no creo que sirva de nada andar por ahí como tantos imbéciles proclamando lo felices que son.

—¿Crees que mienten?

—Estoy seguro de que la mayoría sí.

—Bueno, ¿nos vamos?

—¿Tengo alternativa?

—No.

—Entonces, ¿a qué viene la pregunta?

—Cortesía.

—Ya veo. No hay ocasión que justifique perder las formas.

—Más o menos.

—Bueno. Vamos. Yo soy un participante más. No inventé el juego ni sus reglas. Alguien tendrá que explicar por qué unos han tenido que pasar tantos sufrimientos y otros no. De verdad que me alegra no tener que dar esas explicaciones porque no se me ocurre nada que pueda ser satisfactorio.

—¿Lanzas un reto?

—No es un reto porque no tengo nada que ganar o que perder.

—¿No quisieras la felicidad eterna?

—¿Tocando la lira, en una nube, siendo eternamente feliz?

—¿Más sarcasmo?

—Lo siento, pero me parece una crueldad tener que seguir jugando este juego.

—No tienes que jugar.

—Claro que he tenido que jugar. Me tiraron en el juego sin instrucciones. Pasé una buena parte de mi vida tratando de averiguar cuál era el objetivo. Ahora finalmente suena el pito y me dicen que se terminó. Pues muy bien. Jugué tratando de seguir unas reglas que nunca estuvieron claras. Ahora los jueces decidirán. Espero que hayan disfrutado del partido.

La cueva

La primera vez que Antonio vio aquella pequeña llave colgando de una escarpia sobre la puerta de madera pintada de blanco se preguntó si sería la que abría esa puerta. Era una llave plateada y tenía un agujero pequeño en el centro de la cabeza por donde se enganchaba en la escarpia. La puerta no tenía picaporte. Se abría y se cerraba utilizando un tirador de metal que tenía sujetado con tornillos. La cerradura por donde se introducía la llave estaba debajo del tirador, y ambos estaban pintados de blanco igual que la puerta. Antonio nunca había notado que había una puerta allí hasta que vio la llave, así que preguntó

—Abuela, ¿qué hay allí adentro?

—Nada, hijo, un montón de cosas viejas y rotas.

—¿Y por qué guardan cosas viejas y rotas?

—No sé. Se han ido guardando allí hace muchos años y nunca las hemos tirado.

—Quiero entrar a ver qué hay —le pidió Antonio.

—No chico. Eres muy pequeño y te puedes caer por las escaleras.

—No, voy con cuidado —insistió.

—¡Qué te he dicho que no! —respondió la abuela y siguió andando.

Antonio esperó hasta que vio que su abuela se había marchado y comenzó a tocar la puerta. Aunque no era muy grande, no alcanzaba la llave. Asegurándose de que nadie lo viera y tratando de no hacer ruido, Antonio arrastró una de las sillas de madera del comedor hasta la entrada del estrecho pasillo que daba a las habitaciones y a la cocina. Colocó la silla frente a la puerta y se subió encima para alcanzar la llave. Aún subido encima de la silla tuvo que ponerse de puntillas para poder desenganchar la llave de la escarpia. Cuando la tuvo en la mano, se bajó rápidamente y apartó la silla para tratar de abrir la puerta antes de que su abuela regresara. Introdujo la llave en la cerradura y le dio media vuelta hacia la izquierda. Contrario a lo que esperaba, la puerta no se abrió. Volvió a girar la llave hacia la derecha y tampoco pasó nada.

Desesperado, comenzó a girar la llave en ambas direcciones, pero la puerta no se movía. Escuchaba la voz de su abuela a lo lejos, y temiendo que fuera a regresar sacó apresuradamente la llave de la cerradura. Volvió a acomodar la silla frente a la puerta, se subió encima y logró enganchar nuevamente la llave en la escarpia. Regresó al comedor con la silla y se sentó justo en el momento en que entraba la abuela.

—¿Qué haces? —le preguntó la abuela.

—Nada —respondió Antonio.

—¿Cómo qué nada? ¿Y por qué tienes esa cara?

Antonio pensó que estaba perdido. Era imposible mentirle a su abuela. Ella siempre sabía lo que estaba haciendo, y hasta lo que pensaba. Se quedó callado a ver si dejaba de preguntarle, como hacía algunas veces. De pronto sonó el teléfono y la abuela se fue a contestarlo. Antonio se sintió aliviado y se puso a dibujar en la mesa del comedor. Pensó que tendría que esperar otra oportunidad para tratar de abrir la puerta. Su madre vino a buscarlo cuando salió del trabajo como todas las tardes. Vivían cerca de casa de los abuelos y Antonio pasaba mucho tiempo allí, sobre todo después de la muerte de su padre. De camino a su casa Antonio le preguntó a su madre:

—Mamá, ¿hace cuánto tiempo hace que los abuelos viven en su casa?

—Ufff, mucho tiempo —respondió—. Cuando yo nací ellos ya vivían allí. Creo que todos tus tíos, que son mayores que yo, también nacieron en esa casa.

—¿Y qué es lo que hay guardado detrás de la puerta blanca que hay en el pasillo?

—¿En la cueva? —preguntó la madre.

—¿La cueva? ¿Eso es una cueva?

—Bueno, no es realmente una cueva, pero así le decimos todos. Desde que yo era pequeña. Son unos cuartos que están llenos de cosas viejas.

—¿Y tú has entrado?

—Sí, claro. Muchas veces.

—¿Y por qué yo no puedo entrar? La abuela me dijo que me puedo caer por las escaleras.

—Es verdad. Es un edificio muy viejo. ¿Para qué quieres entrar allí?

—Para ver lo que hay.

—Bueno, ya veremos. A lo mejor un día bajamos.

Antonio estaba decidido a bajar a la cueva. Pasaba mucho tiempo en casa de sus abuelos y su abuela siempre estaba ocupada haciendo cosas desde que se levantaba hasta que se acostaba. Lo único que tenía que hacer era esperar a que saliera al mercado, o a que estuviera cocinando.

«No, mejor, esperar que se acostara la siesta» pensó. Sí, eso, seguro que le daría tiempo a bajar mientras estuviera durmiendo. Antonio se acostó esa noche preguntándose qué habría en la cueva.

Al día siguiente regresó a casa de sus abuelos. Comprobó aliviado que la llave seguía en el mismo lugar. Tan solo tendría que esperar a que su abuela se acostara a dormir la siesta para entrar a la cueva. Se puso a dibujar como lo hacía siempre, esperando a la hora de comer. Desde que murió su padre, Antonio siempre comía en casa de su abuela. A veces, su madre salía del trabajo y venía a comer con ellos, pero casi siempre comía solo con la abuela. Al oír sonar el timbre, Antonio salió corriendo para abrir la puerta, pensando que era su madre, pero cuando la abrió vio que era su tío Alfonso.

—Hola, tío.

—Hola, campeón.

—¿Vienes a comer?

—No, he venido a buscar unas cosas. ¿Ya comieron?

—No, la abuela todavía está haciendo la comida.

—¿Qué vienes a buscar?

—Unas botas de pescar que dejé aquí hace muchos años.

—Aquí no hay ningunas botas de pescar.

—¿Y tú cómo sabes que no están aquí?

—Porque sé lo que hay en todos los armarios de la casa y nunca las he visto.

—Es que están en la cueva.

—En la cueva —repitió Antonio, sin poder disimular su emoción—. ¿Y vas a entrar a la cueva?

—Claro, tendré que bajar a buscarlas.

Mientras hablaban, la abuela se acercó a Alfonso y le dio un beso.

—¿Cómo está papá? —preguntó Alfonso.

—Bien, ya sabes, igual que siempre. ¿Te quedas a comer, hijo?

—No puedo, mamá. Tengo que volver a la oficina y me voy a pescar este fin de semana. Vine a buscar unas botas de pesca que dejé aquí hace mucho tiempo.

—Pues no sé yo si estarán aquí.

—Deben estar en la cueva.

—Ah bueno, no sé. Aquello está lleno de porquerías.

—Voy a bajar a ver si las encuentro.

—¡Yo quiero ir contigo, yo quiero ir contigo! —gritó Antonio.

—No chico —respondió la abuela—, que te puedes caer por las escaleras.

—Pero bajo con el tío. Por favor, por favor.

—Sí, hombre, deja de chillar, yo te bajo conmigo —respondió Alfonso.

—A ver si se van a caer los dos —advirtió la abuela.

—No, abuela, tendremos cuidado.

Sin esperar a que su abuela pudiese decir otra cosa, Antonio tomó de la mano a su tío Alfonso y se lo llevó hasta la puerta de la cueva.

—¿Y qué pasa, campeón, nunca has bajado a la cueva?

—No, nunca —respondió Antonio.

—Bueno, venga, vamos.

Alfonso cogió la llave que estaba colgada en el marco encima de la puerta, la introdujo en la cerradura y le dio media vuelta hacia la izquierda. Sin sacar la llave le dio un empujón a puerta con el muslo y se abrió. Agarró a Antonio de mano y le dijo:

—Tan pronto entres pégate a la derecha y déjame a mí ir bajando primero.

Una vez entró, lo único que Antonio pudo ver fue una escalera sin pasamanos pegada a la pared que bajaba a un patio interior. Al mirar hacia arriba podían verse las ventanas de los demás apartamentos del edificio y un tragaluz que desde allí parecía muy pequeño.

—¿Dónde está la cueva, tío? —preguntó Antonio.

—Hay que bajar —respondió Alfonso—. Son los cuartos que están abajo.

—¿Y por qué está todo mojado? No está lloviendo.

—Esto está siempre así. La luz del sol nunca llega hasta el fondo. Hay mucha humedad y siempre hace frío, hasta en verano.

—¿Y por eso es que está lleno de ratas?

—¿Lleno de ratas?

—Sí, la abuela dice que la cueva está llena de ratas.

—Pues no sé —respondió Alfonso—. Yo nunca he visto ninguna.

Agarrado de la mano de su tío Alfonso, Antonio comenzó a bajar por unos escalones grises y estrechos que parecían estar húmedos y que se desmoronaban cuando pisaban cerca de los bordes. La falta de luz solar hacía que todo se viera gris. Solo al llegar al fondo y entrar en las habitaciones sin puertas y encender la luz de una bombilla desnuda que colgaba de un cable era que podían apreciarse los colores. Había todo tipo de cosas: armarios de madera cerrados que tenían grandes llaves de cobre colgando de la puerta, sillas rotas, espejos y cajas de madera llenas de botellas vacías de refrescos y de cervezas. En el suelo había zapatos, bultos de los que sobresalían brazos de muñecas y cosas grandes tapadas con mantas. Antonio se acercó a uno de los armarios y lo abrió. Estaba lleno de ropa colgada. Parecían chaquetas y abrigos muy viejos.

—¿De quién es esta ropa? —preguntó Antonio.

—Son cosas viejas que no sirven para nada —respondió Alfonso mientras escarbaba entre todo aquello en busca de sus botas.

—¿Y si no sirve para nada, por qué lo guardan?

—No sé, es todo lo que tu abuela guarda de la guerra.

—¿De la guerra? —preguntó Antonio—, ¿de quién, del abuelo?

—No, es de los que murieron en la guerra.

—¿Pero quiénes murieron en la guerra? La abuela siempre dice que nosotros tuvimos suerte, y que nadie de la familia murió en la guerra —dijo Antonio extrañado.

—¿Eso es lo que te ha contado tu abuela? —respondió el tío Alfonso con una leve sonrisa.

—Sí, eso es lo que dice la abuela cuando habla de la guerra. Pero a la abuela no le gusta hablar de la guerra. Lo que dice siempre es que se pasaba mucha hambre, pero nada más.

—No me extraña. Eres muy pequeño y tu abuela no quiere contarte cosas tristes. Pero la verdad es que en la guerra sí murieron miembros de la familia.

—Ah si, ¿quiénes?

—Dos hermanos de tu abuela, el tío Isidro y el tío Santiago.

—¿Isidro y Santiago? ¿Y quiénes son esos? La abuela no tenía hermanos. Se quedó huérfana cuando era muy pequeña y desde que llegó del pueblo a la ciudad se quedó con una amiga de sus padres que ella le decía Taela.

—¿Eso es lo que te han dicho?

—Sí, claro. ¿Acaso no es verdad?

—Pues mira, no, no es verdad. Tu abuela tenía tres hermanos, Isidro, Santiago y Mariana. Yo no conocí a ninguno de los tres porque todos murieron antes de que yo naciera.

—¿Y por qué la abuela nunca habla de ellos?

—Porque los mataron los del bando de tu abuelo.

—¿Qué el abuelo mató a los hermanos de la abuela? —preguntó Antonio horrorizado.

—No, él no, claro. Pero estaban en bandos distintos. Tu abuelo no los conocía. Sabía que tu abuela tenía hermanos, pero no sabía que eran del otro bando. Tu abuela nunca se lo dijo por miedo a que los fuese a denunciar. Tu abuela supo que habían muerto cuando se terminó la guerra.

—¿Y Mariana?

—La tía Mariana murió de tuberculosis cuando era muy pequeña, antes de la guerra. Todavía vivían en el pueblo. Isidro y Santiago eran los mayores. Luego venía tu abuela, y Mariana era la más pequeña. Los abuelos se casaron durante la guerra. Como tu abuela sabía que sus hermanos eran del otro bando prefirió decirle a tu abuelo que era huérfana, y que no tenía ninguna familia. Durante la guerra, ella sabía que sus hermanos estaban luchando en contra del bando de tu abuelo. Supo de ellos a través de su amiga Conchi. Era del mismo pueblo y se conocían desde pequeñas. ¿Tú has oído a tu abuela hablar de Conchi, no?

—Sí. A veces venía a ver a la abuela. Luego se puso malita y se murió.

—Bueno, pues Conchi siempre vivió muy cerca de aquí. Durante la guerra, Conchi le traía a tu abuela cartas del tío Isidro, donde le contaba lo que estaban haciendo, y cómo le iba a Santi que estaba en el frente del norte. Isidro le decía en sus cartas que cuanto terminara la guerra y ellos ganaran, él conocía a mucha gente y que se iba a encargar de que a tu abuelo no le pasara nada. Tu abuela escondía esas cartas y nunca le dijo nada a tu abuelo. Faltando unos meses para que acabara la guerra, Conchi vino a ver a tu abuela para decirle que habían matado a Isidro aquí cerca de la ciudad, y que Santi también había muerto en el frente del norte. Un año después de que se terminó la guerra, Conchi le dijo a tu abuela que le habían mandado una maleta con ropa y cosas de Isidro y de Santi. Tu abuela la fue a buscar, y la trajo aquí abajo a la cueva. Toda esa ropa que hay en esos armarios es de tus tíos abuelos. Lleva años guardando cosas aquí. Tu abuelo no tiene idea de lo que hay aquí abajo.

—¿Y el abuelo no sabe que luchó en la guerra contra los hermanos de la abuela?

—Yo creo que sí lo sabe, pero no le gusta hablar de esto. Tú por si las moscas no le digas nada, ¿de acuerdo?

—Sí, claro.

—Mira que si no la abuela nunca te va a dejar bajar aquí.

—Palabra que no digo nada —le aseguró Antonio.

Alfonso siguió levantando mantas hurgando entre los bultos, pero no pudo encontrar las botas. Antonio le dijo que no se preocupara, que él iba a seguir bajando a la cueva hasta que las encontrara. Alfonso lo miró con una sonrisa y le dijo:

—Muy bien, a ver si las encuentras.

Esa fue la primera vez que Antonio bajó a la cueva. Le tomó mucho tiempo de insistencias y promesas repetidas de que tendría mucho cuidado para convencer a la abuela que le permitiera bajar solo a la cueva. Durante los largos ratos que pasaba allí, Antonio encontró muchas cosas. Las cartas de su tío Isidro a su abuela, fotos de ellos con su abuela y la pequeña Mariana y de unos señores mayores que debieron ser sus bisabuelos. También encontró muchos papeles de cosas que no entendía. Siempre, cuando subía, su abuela le preguntaba:

—Chico, ¿qué haces allí tanto tiempo, en ese sitio lleno de ratas?

—Pues, jugar, abuela —respondía—. Además, en la cueva no hay ratas.

—Claro que hay, hijo, y si sigues revolviendo cosas del pasado, ya verás como las vas a encontrar.

El tiempo también pinta

Comenzaba a amanecer cuando Jacobo vio la ciudad por la ventana del tren. Había dormido poco, pero la emoción de llegar le hizo olvidar que tenía hambre y dolor de cabeza. El tren redujo la velocidad y empezó a dar saltos, moviéndose de lado a lado a medida que los vagones cambiaban de vía al acercarse a la estación. Abrió la puerta de su compartimiento, salió al pasillo y sacó la cabeza por la ventana. El aire frío en la cara y el calor del sol le hicieron sentirse mejor. Los pasajeros comenzaban a despertarse y a recoger sus cosas. Era la primera vez que llegaba a la ciudad en tren, solo, y sin avisar. Nadie le estaba esperando. No reconocía nada de lo que veía por la ventana, pero el olor al tabaco negro que fumaban los pasajeros le recordó que estaba en la ciudad en donde había nacido, pero de la que había estado ausente durante más de veinte años.

Imaginaba que podría coger el metro allí mismo en la estación del tren, pero no estaba seguro. Tan pronto paró el tren se bajó y siguió a la multitud que caminaba paralela a los vagones en dirección al edificio principal. Estaba lleno de gente. La estación le pareció más moderna de lo que esperaba. Siguió caminando y divisó los letreros que indicaban con una flecha que el metro en dirección al centro de la ciudad se tomaba en la planta baja. Después de comprar su boleto se detuvo frente a un enorme mapa del metro y comprobó que estaba bastante lejos del centro. No reconocía la mayor parte de las estaciones. "El metro siempre está creciendo", recordaba haberle oído decir a su tío Ernesto. De pequeño, Jacobo se montó muchas veces con su tío en el metro. Nadie de su familia tenía un auto. Su tío le aseguraba que cada vez podrían llegar más lejos en el metro. "Cuando cierran, siguen excavando. El metro crece", decía.

El recuerdo del tío Ernesto le entristeció. Se había enterado de que había muerto hacía dos años, pero no había sabido nada de él hacía veinte. Cuando se despidió de él aquella mañana en el aeropuerto jamás pensó que no volvería a verle. Era lo mismo que le pasaba con todo. Nunca tenía ocasión de despedirse de nadie. Simplemente pasaba el tiempo y no volvía a verlos.

Miró con detenimiento el mapa por un rato hasta que trazó la ruta en su mente. Solo tendría que hacer un trasbordo. Estaba lejos, y pensó que el viaje tomaría unos 45 minutos. Pero no importaba. Nadie le esperaba. Nadie sabía que estaba allí. Se montó en un vagón que estaba casi vacío y se sentó. El metro no era como lo recordaba.

Estaba remozado y mejor iluminado. No olía igual que antes. La gente también le pareció distinta. Más diversa. Se dio cuenta del tiempo que había pasado desde la última vez en que había estado allí porque los pasajeros no despegaban la vista de sus móviles. Nadie se miraba a la cara. Pensó que podría estar en cualquier ciudad del mundo. Cerró los ojos y se echó hacia atrás en el respaldo de su asiento. Estaba tan cansado que temió quedarse dormido y pasarse de la parada en donde tenía que hacer trasbordo, pero no se durmió. Cuando llegó a su parada se emocionó al reconocer algunas cosas. La estación no había cambiado tanto y era como la recordaba.

Buscó la línea que le llevaría a casa, como había hecho tantas veces, y calculó que en tan solo cuatro paradas estaría en su barrio.

Corrió para montarse en un vagón que comenzaba a cerrar sus puertas. Se hizo paso entre la gente y se agarró del tubo de metal que estaba al lado de la puerta que no abriría. Cuando llegó a su parada se bajó del vagón y comenzó a caminar lentamente en busca de la salida. Al llegar a la escalera se detuvo y miró hacia arriba. El cielo seguía claro. Se pegó a la derecha y comenzó a subir las escaleras, pero sin agarrar el pasamanos, como le habían enseñado desde que era pequeño. Una vez salió a la calle se quedó pasmado mirando todo a su alrededor. Las personas que salían del metro trataban de esquivarlo, pero a medida que se iban amontonando detrás de él sintió que alguien le daba un empujón. Se apartó de la entrada lo más rápido que pudo, caminó hasta la esquina y se pegó a un portal para poder observar a la gente sin obstruir el paso. Todavía no podía creer que estaba allí.

La casa donde habían vivido sus abuelos estaba muy cerca de allí. Comenzó a caminar y se alegró al reconocer que no todo había cambiado. Sin embargo, las calles le parecieron más estrechas y más sucias. Era temprano y había poca gente. Se preguntaba cómo reaccionaría su familia al verle. Hacía tiempo ya que había perdido la ilusión con dar sorpresas porque casi nunca funcionaban, y el sorprendido terminaba siendo uno. «Bueno, pero estoy seguro de que se alegrarán de verme», pensó, aunque no estaba del todo seguro.

Siguió caminando calle arriba, emocionándose cada vez que reconocía algún bar o alguna tienda que seguía en el mismo lugar. Se preguntaba qué habría pasado en estas calles durante todos estos años. «Probablemente nada especial», pensó. Cuando llegó a la intersección de la calle de los abuelos, Jacobo sintió que se apretaba el corazón al divisar el letrero de Casa Mateo.

Desde fuera se veía igual que siempre, pero según fue acercándose pudo comprobar que la habían remodelado. Dudó por un momento si debía entrar. Aunque lo normal hubiese sido llegar cuanto antes a ver a la familia, abrió la puerta del bar como un autómata y entró. Dos hombres mayores tomaban café de pie frente al mostrador y miraban un enorme televisor que había colgado en la pared. Se acercó y pidió un café con leche mientras examinaba cuánto había cambiado el local. Conservaba muchos recuerdos felices de aquel bar que ahora le parecía más pequeño. A través de los cristales de la puerta de la entrada podía ver el final de la calle en donde estaba la casa de los abuelos. Entonces pensó que debía quedarse allí un rato. Era muy temprano y tal vez estarían durmiendo. Pero ¿quiénes? No estaba seguro. Se dio cuenta de que tenía miedo. «A lo mejor no se alegrarán de verme», pensó. «Hace tanto que no sé nada de ellos». ¿Le reprocharían nunca haber escrito? ¿Nunca haber llamado? Bueno, ellos tampoco le habían llamado. Concluyó que lo mejor sería esperar un rato más y llegar a la casa por la tarde. Aunque no le apetecía, pidió otro café con leche y una botella de agua mineral. Mientras le preparaban el café se sintió aliviado de poder posponer por un rato más la decisión sobre qué iba a hacer. Había pensado en este regreso durante muchos años, pero siempre lo aplazaba poniendo todo tipo de excusas. No podía precisar por qué había decidido venir en este momento. No era la primera vez en que había estado cerca, y sin embargo, esta vez había decidido montarse en el tren y llegar hasta aquí. ¿Por qué no lo había hecho antes?

El ruido que hizo la taza de café al chocar contra el mostrador lo sacó de su embeleso.

—¿Algo más? —preguntó el camarero.

—De momento no, gracias.

Jacobo miró con detenimiento la taza de café con leche que le acababan de traer y sonrió al ver el sobrecito abultado que contenía dos terrones de azúcar. Pensó en el tiempo que hacía que no veía un terrón de azúcar, y se preguntó por qué no los usaban en todas partes. Recordó entonces cómo siempre le pedía a su abuela que pidiera más terrones de azúcar para comérselos cuando llegara a casa. Si los abuelos todavía estuviesen vivos, hubiese llegado corriendo a la casa. Pero desde que murieron sabía que ya nada era igual. Pidió la cuenta al camarero sin saber qué haría cuando saliera de allí.

Salió a la calle y se quedó parado mirando en dirección a la casa de los abuelos. En lugar de cruzar la calle para llegar hasta allí, dobló a la izquierda y siguió andando calle arriba. Caminada sin rumbo. Pensó si sería una locura dar media vuelta y marcharse. Podía tomar el tren de regreso esa misma tarde. Le sorprendió el alivio momentáneo que había sentido ante la posibilidad de no tener que seguir adelante con su plan. Si no tomaba el tren de la tarde, tendría que pasar la noche en la ciudad. Sin darse cuenta, ya había descartado la idea de ir a ver a su familia. Era como si después de haber llegado hubiese descubierto que ya no vivían allí, y que aprovecharía el día para pasear por la ciudad.

Se dio la vuelta y volvió a mirar hacia la esquina de Casa Mateo cuando la vio. Caminaba encorvada y con dificultad, agarrada del brazo de un chico joven. Se veía mucho más vieja, pero estaba seguro de que era ella. Después de que cruzaron la calle los perdió de vista. Podía haberles alcanzado si hubiese querido, pero se quedó inmóvil. Se sintió peor porque ahora tenía la certeza de que estaban allí.

¿Quién más viviría en la casa? Tal vez alguno de los chicos vivía con ella. Tampoco había sabido nada de ellos durante todos estos años.

Siguió caminando calle arriba esperando encontrar alguna señal que le indicara lo que debía hacer. Decidió que por el momento seguiría andando hasta que fuera la hora de comer. A pesar de lo cerca que estaba de la casa de sus abuelos, no recordaba haber caminado nunca por allí. Si seguía hasta la próxima intersección y doblaba a la derecha, podría seguir por aquella calle que corría paralela a la calle de sus abuelos, y luego volver a doblar a la derecha hasta llegar hasta allí. Tal vez haría eso si finalmente se decidía a ir a la casa. Por el momento continuó vagando mientras pensaba en todas las cosas que habían pasado durante los últimos veinte años.

A ratos, se quedaba parado en medio de la calle observando las caras de la gente, como si esperara poder reconocer a alguien. Entonces pensó que las cosas nunca suceden como uno las imagina. Toda la emoción que había sentido al llegar a la ciudad esa mañana ahora se había convertido en tristeza. Era como si alguien le hubiese obligado a llegar hasta allí. Mientras vagaba por la calle vio un pequeño letrero blanco en un portal que decía "Pensión Nápoles". Entró al portal y subió por unas escaleras de madera que crujían bajo sus pasos. Al llegar al segundo piso vio otro letrero igual al que había en el portal que indicaba la entrada de la pensión. Tocó el timbre y le abrió la puerta una señora mayor que le invitó a entrar.

—¿Tiene habitaciones disponibles?

—¿Para cuántos días?

—No sé. Dos noches quizás.

—Bueno, tengo una habitación en la que se puede quedar hasta dos noches. Cincuenta la noche, pensión completa, y me paga por adelantado.

—¿Puedo ver la habitación?

—Claro, venga por aquí.

Jacobo siguió a la señora por un pasillo mal iluminado que discurría por el lado del recibidor. La señora se detuvo frente a una de las puertas y la abrió. La habitación tenía las persianas abiertas, y la claridad le cegó momentáneamente.

—Es pequeña, pero tiene una ventana que da a la calle. Parece que son más grandes que las que dan al patio interior, pero son todas del mismo tamaño.

Jacobo examinó rápidamente la habitación. Tenía una cama de metal, un pequeño armario de madera y una silla colocada contra la pared.

—El baño está al final del pasillo.

—Está bien, la tomo.

—Bueno, pues pase y vaya acomodando sus cosas. Yo le espero en el recibidor para cobrarle. Ya hemos servido el desayuno, pero la comida es a las dos.

—Gracias, respondió Jacobo mientras la señora salía de la habitación y cerraba la puerta. Colocó su mochila encima de la cama y se acercó a la ventana. Desde allí podía ver la intersección de la calle en donde vivían sus abuelos. Nunca antes se había quedado en aquel barrio en ningún otro sitio que no fuera allí. Pero necesitaba un sitio para poder acostarse un rato y pensar en lo que iba a haber. Regresó rápidamente al recibidor para pagar y buscar la llave de su habitación.

—Gracias —respondió la señora al entregarle la llave—. Me llamo Angelita. Deje la llave aquí cuando vaya a salir. No abro la puerta a nadie después de las once de la noche, así que ya sabe. Ah, y nada de traer a nadie aquí, ¿está claro?

—Sí, claro —respondió Jacobo con una sonrisa—. No se preocupe por eso. Creo que no voy a comer aquí hoy.

—Como quiera —respondió Angelita.

Jacobo se metió la llave en el bolsillo del pantalón y regresó a su habitación. Se quitó la ropa y se acostó sobre la cama. Cerró los ojos y trató de imaginarse qué pensaría su familia si supieran que estaba allí, solo en una pensión. Le costó mucho trabajo volver a levantarse. Estaba cansado, pero sabía que no podría quedarse dormido. Contempló por largo rato el techo de la habitación recordando todas las veces que había pensado en regresar. Ahora por fin estaba aquí, y no era capaz de hacer nada. Se incorporó de un salto y volvió a ponerse la misma ropa que había colocado encima de la silla. Se echó al hombro su mochila y salió rápidamente de la habitación.

Cuando llegó a la recepción, Angelita trataba de entenderse con una pareja de turistas que no hablaban español. Le sonrió y puso la llave de su habitación sobre el mostrador. Se dirigió a la puerta y antes de salir se dio la vuelta y se despidió haciendo un gesto con la mano. Angelita seguía enfrascada en su intento por comunicarse con los turistas y no le miró.

Cuando salió a la calle volvió a quedarse parado en medio de la acera sin saber a dónde ir. Comenzó a caminar calle abajo en dirección a Casa Mateo. Al llegar a la intersección miró hacia la izquierda y dudó por un momento si cruzar la calle y llegar finalmente a casa de sus abuelos. Se quedó parado en medio de la calle como si fuera un sonámbulo mientras la gente que caminaba por la calle le miraban con curiosidad.

Finalmente decidió volver a entrar al bar. Se acercó al mostrador y pidió un café con leche. Mientras lo preparaban sacó su móvil del bolsillo de la chaqueta y buscó el itinerario de los trenes de regreso. Había uno que salía a las once de la mañana y otro a las cinco de la tarde.

«Si salgo ahora mismo a la estación, puedo tomar el tren de la mañana», pensó emocionado. Se apresuró a sacar un billete del bolsillo del pantalón, lo dejó encima del mostrador y se dirigió hacia la puerta cuando escuchó al camarero decir:

—Señor, espere que aquí está su café.

Sin mirar hacia atrás, Jacobo abrió la puerta de un tirón y salió corriendo del local calle abajo como quien pretende irse sin pagar. Al llegar a la intersección se detuvo. Mientras esperaba a que cambiara el semáforo para cruzar la calle pensó en lo absurdo que era estar corriendo de regreso a la estación. Cruzó la calle y continuó caminando hacia el metro. La ilusión que había sentido hacía tan solo unas horas al recorrer esa misma calle ahora se había convertido en desasosiego. Para evitar tener que desandar ahora el camino recorrido, decidió ir a la estación en taxi. Viajar en taxi no le traería los recuerdos felices que le evocaba el metro. Huir en taxi le dolería menos. Levantó tímidamente el brazo para hacerle señas a uno que transitaba calle abajo. Tan pronto se detuvo se montó y le dijo al conductor:

—A la estación de tren, por favor.

Durante el trayecto hasta la estación Jacobo sintió rabia y no supo hacia quién dirigirla. Sabía que nadie le obligaba a hacer lo que estaba haciendo, pero no podía evitar defenderse de los reproches que nadie le hacía. ¿Cómo era capaz de irse sin ver a su familia? ¿Para qué había venido entonces? En lugar de hacerle recapacitar, estas preguntas agravaban el coraje que sentía, parecido al de los borrachos que en lugar de ponerse cariñosos les da por pelear. El conductor del taxi le miraba por el espejo retrovisor sin atreverse a dirigirle la palabra.

Cuando se detuvieron en el primer semáforo, Jacobo pensó pedirle al taxista que parara, o que diera la vuelta y le llevara a la Pensión Nápoles. Pero las palabras no le salieron. Se acomodó en el asiento y estiró las piernas. Tenía los puños cerrados y los empujaba con fuerza contra el asiento. Respiró hondo y se resignó a esperar hasta llegar hasta la estación.

El viaje se le hizo muy corto. Llegó a las diez y cuarto. Aunque tenía tiempo de sobra para montarse en el tren de las once, se impacientó al ver la cola de personas que esperaban para comprar sus boletos. La cola no era muy larga, y se movía bastante rápido.

Sin embargo, Jacobo se movía de lado a lado, como si esperara impaciente su turno para orinar en un baño público.

Finalmente compró su boleto de regreso y corrió para montarse en el tren que saldría en pocos minutos. Jadeando se montó en su vagón y caminó torpemente por el estrecho pasillo hasta encontrar su compartimiento. Miró a través del cristal y comprobó que estaba vacío. Abrió la puerta con cuidado, como si temiera despertar a alguien. Entró y se sentó junto a la ventana. Estaba sudando. Todavía llevaba la mochila puesta. Se la quitó con dificultad y la puso encima de sus piernas. Tenía la boca seca y pensó que debía haber comprado una botella de agua en la estación.

Resignado, apoyó la cabeza en el respaldo de su asiento y giró la cara hacia la izquierda hasta pegarla contra el cristal de la ventana. El tren comenzó a moverse lentamente cuando la vio parada en el andén. Seguía agarrada del brazo del chico. Le decía adiós lentamente con un brazo que apenas podía levantar. Jacobo quiso devolverle el saludo, pero retiró la cara de la ventana y cerró los ojos mientras el tren se alejaba de la estación.

La oscuridad más oscura

Al abrir los ojos, David no observó ninguna diferencia. Estaba igual de oscuro. Al principio no estaba seguro si tenía los ojos abiertos. Movió la cabeza de lado a lado, pero todo se veía igual de negro. Se llevó la palma de la mano frente a la cara, pero nada. Lo único que podía escuchar era su respiración. Buscó a tientas el teléfono móvil que debía estar encima de la mesilla junto a su cama, pero no lo encontró. Solo pudo palpar las sábanas que lo cubrían. Tampoco pudo ver las débiles luces que emitían su reloj despertador y el acondicionador de aire. Entonces pensó que a lo mejor se había ido la luz. Pero había demasiado silencio y no hacía calor.

Trató de sentarse en el borde de la cama para ponerse de pie, pero la cama parecía no tener fin. Luego extendió su brazo derecho para despertar a su esposa, pero no alcanzó a tocar a nadie. Estaba solo en una cama inmensa, totalmente a oscuras.

No era la primera vez que le pasaba esto. Cuando era niño, su madre le acostaba a dormir a la misma hora. No siempre le contaba un cuento, pero sí rezaban, y al terminar su madre apagaba la luz. Aquella oscuridad era absoluta. Una vez se hizo mayor, nunca volvió a sentir una oscuridad así, hasta esta noche. Por eso pensó que tal vez estaba soñando, pero no, estaba despierto y envuelto en una oscuridad distinta, más espesa, como la que había cuando él era pequeño.

Lo normal hubiese sido tratar de levantarse para encender la luz, pero se quedó inmóvil, y comenzó a cerrar los ojos con mucha fuerza para ver si se aparecían las estrellitas. Hacía mucho tiempo que no las veía. Antes aparecían cada vez que cerraba los ojos con fuerza, pero a medida que fue creciendo, las estrellitas desaparecieron. Apretó los ojos con fuerza esperando sentir que comenzaban a salirle por el oído derecho como una nube de pequeños puntos rojos que daban vueltas muy deprisa en dirección contraria a las manecillas del reloj. Pero no sucedió nada. Recordó que no siempre pudo ver las estrellitas. Al principio, igual que ahora, solo había oscuridad. A lo mejor aparecerían más tarde.

Comenzó a escuchar ruidos que reconocía, pero que no había oído hacía mucho tiempo. El agua bajando con fuerza por las tuberías cuando alguien usaba el baño, zumbando como las bombas que tiraban de noche sobre la ciudad al final de la guerra. Era un zumbido que no terminaba en explosión, ni tampoco hacía retumbar las paredes. La presión del agua se iba reduciendo lentamente, y comenzaba a escucharse un gotereo que terminaba cuando se llenaba el tanque. Luego volvía otra vez el silencio y la oscuridad total. Entonces aparecían las estrellitas.

Nunca le dieron miedo. A medida que daban vueltas hacían círculos cada vez más anchos, y se iban esparciendo por toda la habitación. Poco a poco perdían su brillo, hasta que se apagaban.

¿Por qué habían desaparecido las estrellitas? Desaparecían tantas cosas. Primero el tío Pepe. Luego los abuelos. Después los años pasaron muy deprisa, pero ya nada importaba. Las noches ya no eran oscuras, y no podía ver las estrellitas.

David cerró los ojos con fuerza mientras apretaba la mandíbula y sintió que algo comenzaba a salirle por el oído derecho. No eran las estrellitas, sino un líquido tibio y espeso. Comenzó a correrle por la patilla hasta que le embarró el cuello. Pensó que podía ser sangre, pero no se alarmó. Como no sentía dolor, siguió apretando los ojos y la mandíbula. El líquido seguía saliendo, ahora con más fuerza, hasta que le mojó el pecho. Cuando se apoyó con los codos en la cama tratando de incorporarse se dio cuenta de que las sábanas estaban empapadas. Pensó que no podía haber salido tanto líquido del oído y que se había meado. Recordó que durante muchos años se meaba en la cama, pero cuando se tocó el calzoncillo comprobó que estaba seco. Acercó la mano a su nariz para oler el líquido y sintió que tenía una tierra pastosa debajo de las uñas. La probó y le supo al yeso que cubría las paredes de la habitación que tenía cuando era pequeño. ¿Qué estaba pasando? ¿Por qué si había regresado la oscuridad más oscura no podía ver las estrellitas?

Trató de calmarse, pero estaba seguro de que no podría volver a dormirse hasta que aparecieran las estrellitas. Echó la cabeza encima de la almohada, resignado a pasar la noche en vela cuando comenzó a sentir calor. Apretó con fuerza otra vez los ojos y comenzaron a salirle por el oído unas estrellas distintas. Eran verdes, más grandes, y no daban vueltas. Flotaban lentamente a través de la habitación y cuando chocaban salpicaban una baba espesa.

Levantó la mano para tratar de tocarlas pensando se alejarían, pero se quedaron quietas. Tocó una con la yema de los dedos y la sintió tibia. Se inflaba y se desinflaba como hacía la barriga de su perra cuando se acostaba bocarriba a descansar después de corretear por el patio. Empezó a acariciarla tímidamente con el resto de sus dedos, mientras las demás volaban para volver a meterse en su oído. Tal vez las estrellas verdes habían tomado a las estrellitas rojas como prisioneras, y por eso no podían salir. Comenzó a desesperarse a apretar los ojos y la mandíbula cada vez con más fuerza. Al comprobar que las estrellitas no salían comenzó a golpearse el lado de la cabeza, primero con la palma de la mano, y luego con el puño. Como no sentía dolor, se golpeaba cada vez con más fuerza.

Desesperado, agarró la estrella verde que seguía flotando sobre él y se la acercó a la cara. La estrella no puso resistencia. A medida que la iba apretando la sentía latir dentro de su puño cerrado. Comenzó a golpearse nuevamente la cabeza encima del oído derecho con el puño donde tenía la estrella verde hasta que sintió que la estrella verde dejó de latir.

Al abrir la mano comprobó que la estrella se había apagado y había dejado un rastro de baba espesa. Era la primera vez que mataba a alguien. No lo había hecho a propósito, pero estaba seguro de que las demás estrellas verdes no lo verían de esa manera. Tal vez se desquitarían con las estrellitas rojas y no les permitirían volver a salir. De pronto comenzó a sentir una enorme presión dentro de su cabeza.

Estaba seguro de que las represalias en contra de las estrellitas rojas habían comenzado. Se imaginaba que trataban desesperadamente de salir por el oído, pero que las estrellas verdes habían formado un tapón que les cerraba el paso.

Recostó su cabeza sobre la almohada y trató de calmarse respirando profundamente. Utilizaba esta técnica cuando no podía dormir aunque raras veces funcionaba. ¿Y si volvía a apretar los ojos y la mandíbula aún más fuerte? Tal vez eso ayudaría a aflojar el tapón y las estrellitas rojas podrían salir. Apretó con todas sus fuerzas hasta escuchar como si estuvieran descorchando una botella de Champán y sintió otra vez cómo un líquido tibio le salía del oído.

Entonces comenzó a ver el remolino de estrellitas rojas que comenzaban a salir y se amontonaban contra lo que debía ser la ventana de la habitación. Sintió una corriente de aire frío y pensó que habían abierto la ventana. Las estrellitas comenzaron a salir y a perderse de vista. Se puso de pie sobre la cama y comenzó a caminar torpemente, con los brazos extendidos tratando de encontrar la ventana.

De pronto, sus rodillas chocaron contra un borde de madera y cayó de cabeza al vacío. Descendía lentamente detrás de las estrellitas rojas que seguían dando vueltas en dirección contraria a las manecillas del reloj. Cruzó los brazos y los puso sobre su frente para amortiguar la caída, pero al llegar al fondo se quedó suspendido justo antes de poder tocar el suelo. Sin tener que hacer mucho esfuerzo, puso sus pies descalzos en el suelo de piedra. Estaba mojado y cubierto de estrellitas rojas. El reflejo de las estrellitas en el suelo mojado le permitía ver que estaba en el lugar pequeño, tal vez del tamaño de su habitación.

Miró hacia arriba y lo único que pudo ver eran unas luces verdes pegadas a lo que debía ser una pared. Pensó que podía ser la ventana por donde se había caído. De pronto comenzó a sentir que comenzaban a caer unas gotas de un líquido tibio y viscoso, igual al que salpicaban las estrellas verdes cuando chocaban. El líquido no le hacía daño a él, pero cuando le caía encima a las estrellitas rojas parecía quemarlas. A medida que las gotas seguían cayendo, las estrellitas rojas se movían desesperadas por el suelo, tratando de encontrar un lugar en donde guarecerse. Terminaron formando una fila india a lo largo del perímetro del suelo dejando a David en el medio.

Las gotas seguían cayendo sobre David y en el suelo alrededor de él, pero las estrellitas rojas parecían estar salvo mientras se mantuvieran pegadas a la pared. David siguió mirando hacia arriba y vio cómo las estrellas verdes comenzaron a desaparecer. Pensó que tal vez habían vuelto a entrar a la habitación. Sin saber qué hacer, se acostó bocarriba en el suelo de piedra. Estaba mojado, pero no se sentía desagradable. Las estrellitas rojas comenzaron a volar alrededor de su cabeza y a metérsele por el oído derecho. Luego volvió la oscuridad total, absoluta. La más oscura.

El día que conocí a Dios

Aunque pensaba que conocía muy bien la ciudad, Aurelio nunca había estado en aquel barrio. Las casas se parecían mucho a las que había en toda aquella zona, pero algo las hacía ver distintas. Tal vez era que estaban más limpias, pintadas y sin ninguna basura a su alrededor. Las calles estaban llenas de gente caminando: viejos, jóvenes y niños pequeños. Todo parecía de otra época. Hasta le dio la impresión de que los uniformes de los policías que daban su ronda eran diferentes. Le habían contado que toda la gente que vivía en aquel barrio pertenecía a la misma iglesia, y que la iglesia era dueña de todo lo que había allí. No estaba seguro de dónde quedaba la casa del hermano Filemón, pero le habían dicho que estaba muy cerca del templo. Estacionó su auto en una de las calles cercanas a la plaza y se bajó a preguntar dónde quedaba la casa. Todo el mundo le miraba con curiosidad. Los niños se reían al verle, pero no sintió que se estuvieran burlando de él.

—Disculpe señora, ¿podría decirme dónde queda la casa del hermano Filemón?

—Sí, hermano. Usted ve allí el templo —dijo señalando con el dedo en dirección a la plaza—, pues siga caminando por esa misma calle hasta el final y allí la verá a la izquierda. Es una casa de dos pisos. Hoy hay servicio por la tarde así que va a haber mucha gente frente a la casa.

—Muchas gracias.

—¿Viene a ver al hermano Filemón?

—Sí, me han dicho que hoy podría verlo, antes del servicio.

—Puede ser. Todos los días que hay servicio hay mucha gente que viene a verlo, pero casi siempre los atiende cuando se termina, más por la noche.

—¿Usted ha venido aquí antes?

—No —respondió Aurelio.

—Qué bien, pues bienvenido. Estoy segura de que le encantará el servicio. Es muy lindo. Además, tenemos una banda que toca una música preciosa. Mi hija toca el trombón. Aprendió cuando era chiquita gracias al hermano Filemón y ahora es muy buena. Dice que le va a conseguir una beca para ir a la universidad por saber tocar el trombón.

Aurelio escuchaba pacientemente a la señora, que parecía estar realmente feliz de que él estuviera allí. No había pensado quedarse para el servicio y esperaba poder hablar con el hermano Filemón antes de que comenzara.

—¿A qué hora termina el servicio?

—Empieza a las seis y termina a las nueve de la noche.

—¿Dura tres horas?

—Sí, pero es muy lindo. Ya verá que le va a gustar.

—Bueno muchas gracias.

—De nada hermano. Lo veré esta tarde.

Aurelio siguió caminando a través de la plaza tratando de pensar lo que iba a hacer. Eran las cuatro de la tarde y había pensado que le daría tiempo de sobra para hablar con Filemón. Pero si no podía verlo hasta después del servicio entonces tendría que estar allí por lo menos hasta las diez de la noche. Sin saber qué hacer se sentó en uno de los bancos de la plaza y continuó observando a la gente. Le daba la impresión de que las personas que caminaban por la plaza eran todos extranjeros. No estaba seguro por qué. La señora que le había explicado cómo llegar a la casa del hermano Filemón también le parecía extranjera. No tenía ningún acento particular, pero no parecía local. Trató de articular en su mente qué la hacía diferente pero no podía precisarlo. Luego pensó que más que extranjeros lo que parecían realmente eran de otra época, remota, primitiva. Miró su reloj y vio que eran las cuatro y cuarto. Debía caminar para buscar la casa del hermano Filemón, pero se sentía muy a gusto sentado en aquella plaza. No recordaba cuándo había sido la última vez que se había sentado en el banco de una plaza o en un parque.

Todo el tiempo lo pasaba montado en el automóvil y casi nunca caminaba. Pensó que aquel era un buen lugar para pasar la tarde leyendo en un banco a la sombra de un árbol, con los niños jugando a su alrededor mientras sus padres conversaban y los vigilaban desde la distancia. ¿Por qué nunca hacía eso? Nadie se lo impedía, sin embargo, hacía ya muchos años que Aurelio vivía de manera automática. Todo formaba parte de una rutina, incluyendo lo que hacía en su tiempo libre.

De pronto escuchó algo que le pareció música. No parecía venir de la radio. Era una banda y tocaban algo que sonaba como una marcha o un himno. Se levantó del banco y comenzó a caminar en dirección al templo. Tan pronto dobló a la derecha en la calle siguiente pudo ver una enorme estructura de cemento que enseguida identificó como el templo. Parecía más moderno que el resto de las casas de su entorno. Era evidente que había sido construido después. No era bonito, o tal vez sí. A él siempre le parecía que los edificios modernos eran feos. Continuó caminando cuando se percató que frente al templo, parados en mitad de la calle, se encontraba un grupo de jóvenes uniformados cargando distintos instrumentos musicales. Era sin duda la banda de la iglesia. Se acercó a un joven de unos doce o trece años que tenía una trompeta en la mano y le preguntó:

—¿Van a dar un concierto?

El joven sonrió y contestó:

—Vamos a tocar durante el servicio, como todos los sábados.

—¿Y qué hacen aquí ahora?

—Nos estamos preparando para ir a buscar al hermano Filemón.

—¿Y a dónde lo van a buscar?

—A su casa. Vive allí al fondo —dijo el joven señalando con la trompeta en dirección al final de la calle—. Cuando lleguen todos marchamos tocando el himno y caminamos hasta su casa. Entonces el hermano Filemón se asoma al balcón y nos bendice. Luego baja con todo el séquito, nos damos la vuelta y seguimos en dirección al templo. Cuando el hermano

Filemón comienza a caminar nosotros nos vamos detrás de él y tocamos el himno de la iglesia.

—¿Y eso lo hacen todas las semanas?

—Sí, siempre.

—¿A qué hora irán a buscar al hermano Filemón?

—Como a las cinco y media.

—Muy bien, gracias —respondió Aurelio—. ¿Cómo te llamas?

—Andrés.

—Muchas gracias Andrés.

—Señor, ¿va a venir al servicio?

—No lo sé —respondió Aurelio—. Tengo que hablar con el hermano Filemón.

—Ah, bueno, pero puede venir y luego habla con él.

—Tal vez, gracias Andrés.

El niño sonrió y regresó al grupo de jóvenes que seguían preparándose y haciendo ruido con sus instrumentos.

Aurelio siguió caminando en dirección a la casa del hermano Filemón. Era una casa modesta de dos pisos con un gran balcón en el segundo. Frente a la entrada de la casa había dos guardias uniformados. Tenían los mismos uniformes que los otros que había visto en la plaza. Se acercó al que parecía estar custodiando la puerta y le dijo:

—Buenas tardes.

—Buenas tardes hermano —respondió el guardia.

—Necesito hablar con el hermano Filemón.

—¿Le está esperando?

—No, pero es muy importante. No tomará mucho tiempo. Terminaré antes de que empiece el servicio.

—El hermano Filemón no recibe a nadie antes del servicio. Ahora se está preparado.

—¿Y cuándo podría hablar con él?

—Si tiene una cita cuando se termine el servicio.

—¿Y cómo puedo hacer una cita?

—Tiene que hablar con la hermana Encarna.

—¿Y dónde está ella?

—Aquí. Esta también es su casa.

—Muy bien. ¿Puedo hablar con ella?

—En este momento ella está con el hermano Filemón, ayudándole a prepararse para el servicio.

—¿Y cuándo puedo hablar con ella?

—Deme su nombre y su teléfono y alguien se comunicará con usted.

Aurelio arrancó una hoja de su pequeña libreta, escribió su nombre y su número de teléfono y se lo entregó al guardia. El guardia guardó la hoja en el bolsillo de su camisa y le dijo que se lo daría a la hermana Encarna.

Aurelio permaneció un rato contemplando la entrada de la casa. Pensó que tal vez el guardia iría inmediatamente a darle su mensaje a la hermana Encarna, pero continuó recostado de la pared que estaba junto a la puerta. Por un momento pensó decirle otra vez que era muy importante que le dieran su mensaje a la hermana Encarna, pero enseguida desistió y comenzó a alejarse de la casa en dirección al templo.

Mientras caminaba observó que la gente comenzaba a llegar al templo para el servicio. Todos venían a pie. Entonces cayó en cuenta que desde que se había bajado de su automóvil no había visto ningún otro circulando por las calles. Todas las personas que se dirigían al templo parecían conocerse. Conversaban alegremente y saludaban con la mano a quienes parecían ser vecinos. Aurelio se asomó a la entrada del templo. Le pareció enorme y muy iluminado. Demasiado para su gusto. Después de entrar para echar un vistazo decidió volver a salir y esperar en la entrada a que llegara el hermano Filemón seguido por la banda de la iglesia.

Una vez estuvo en la calle cruzó a la acera de enfrente para no obstruir el paso. De pronto comenzó a escuchar a la banda que se acercaba al templo desde la casa del hermano Filemón. Al frente caminaba un hombre mayor vestido de blanco que saludaba a todos con las manos. A pesar de su edad se veía fuerte y ágil. Detrás de él caminaban varios hombres y mujeres que también estaban vestidos de blanco. El grupo caminaba a paso ligero seguido por la banda que tocaba un himno que parecía una marcha militar.

Al llegar a la entrada del templo el hermano Filemón se detuvo y miró en dirección a donde se encontraba Aurelio. Le miró a los ojos y asintió varias veces con la cabeza. Aurelio pensó que le iba a decir algo, pero Filemón reanudó el paso y se dirigió a la entrada del templo. En ese momento, Aurelio cruzó la calle con la intención de entrar, pero la banda seguía marchando compacta detrás de él y sin dejar de tocar. Detrás de los últimos músicos los feligreses comenzaban a entrar al templo y Aurelio los siguió.

Cuando ya estuvo dentro pudo observar que aquello parecía más un teatro que una iglesia. En lugar de un altar había un enorme escenario iluminado con una hilera de grandes focos adheridos a un andamio de metal. Filemón y su séquito estaban en el centro del escenario y los muchachos de la banda se fueron acomodando en un espacio designado al frente del escenario. Mientras todos se iban acomodando la banda seguía tocando. Aurelio observaba las caras de la gente que seguía llegando y ocupando sus asientos. Todos parecía estar muy felices y deseosos de escuchar al hermano Filemón. Pensó cuán diferentes eran esas caras de las que veía cuando iba a la que había sido su iglesia, donde todos parecían estar muy aburridos. Comenzó a subir por las gradas buscando un sitio en donde sentarse cuando divisó a la señora que le había explicado cómo llegar al templo. La señora comenzó a hacerle señas para que se acercara y se sentara junto a ella. Aurelio no supo qué hacer, y se acercó a la señora.

—¡Qué bueno que vino hermano! Ya verá qué bonito es el servicio. ¿Qué le parece el templo?

—Es muy bonito —mintió Aurelio—. Me gusta mucho la banda, tocan muy bien.

—Sí, es una de las mejores de todo el país. Allí está mi hija Ángela, la del pelo largo en la esquina que tiene un trombón. Me llamo Jacinta y este es mi esposo Efraín.

—Mucho gusto —dijo Aurelio acercándose a Efraín, quien le tendió una mano enorme y agrietada como las que tienen los que no saben leer. Hacía mucho tiempo que Aurelio no veía unas manos así.

Pensó que Efraín debía ser albañil o algo parecido ya que estaban en medio de la ciudad, por lo que no debía ser agricultor.

—Bienvenido hermano —dijo Efraín—. Jacinta me dijo que venía a ver al hermano Filemón. No se preocupe, ya verá que Filemón puede ayudarlo. Es muy bueno y ayuda a todo el mundo, ¿verdad Jacinta?

—Así es. Gloria a Dios.

—A mí me salvó de la bebida. Gracias a él llevo más de quince años sin tomar. Además, me dio trabajo en uno de los talleres de la iglesia. El hermano Filemón ha salvado a muchos en esta comunidad; y a sus hijos también. Los ayuda a salirse del vicio, a que sigan estudiando, a que sean personas de bien.

—Amén, amén —asintió Jacinta.

—A Ángela también la ayudó mucho. Gracias a él ahora toca el trombón y le van a dar una beca para que pueda ir a la universidad.

Aurelio asentía y sonreía sin saber qué decir. Le parecía curioso que estas personas pensaran que él había venido a ver a Filemón para pedirle que le ayudara con algo. Se preguntaba cómo reaccionarían si les dijera para qué quería verlo. De momento la banda comenzó a tocar un himno distinto y todos comenzaron a cantar. En el templo debía haber miles de personas y todos, sin excepción, cantaban.

Filemón esperó a que terminaran de cantar y se acercó al micrófono:

—Gloria a Dios hermanos. Hoy estamos muy contentos porque ha venido a vernos un amigo, un hermano nuevo que viene al templo por primera vez.

Filemón apuntó con la mano en dirección a donde estaba sentado Aurelio y todos giraron la cabeza intentando identificar al nuevo visitante. Sin saber qué hacer, Aurelio asintió con la cabeza y levantó su mano derecha haciendo algo parecido a un tímido saludo.

—¡Bienvenido hermano! —gritó Filemón.

Mientras el resto de la congregación repetían a coro:

—Bienvenido, bienvenido.

Aurelio seguía asintiendo con la cabeza sin saber qué hacer. Su único deseo era que Filemón continuara con su sermón y que la gente dejara de mirarle. La banda comenzó a tocar y todas las personas que estaban en la tarima parecían orar en silencio. Filemón tenía los brazos extendidos y los ojos cerrados mirando al cielo. De pronto pareció salir de aquel trance, se acercó al micrófono y comenzó a hablar muy lentamente:

—Antes de comenzar hermanos, tengo que contarles algo que ha sucedido. Han desaparecido las herramientas de trabajo del hermano Cándido. Las había dejado en la caja de su camioneta como hacía siempre y esta mañana se dio cuenta de que no estaban allí. Todos aquí conocen al hermano Cándido y saben lo bueno y trabajador que es. Él necesita esas herramientas para trabajar. Las fue comprando poco a poco, con mucho esfuerzo y sacrificio. Yo conozco a todos en esta comunidad. A muchos jóvenes desde que nacieron —dijo Filemón mientras continuaba mirando de lado a lado, señalando con el dedo a los que iba identificando entre la multitud—. Ustedes saben que Dios está en todas partes, que todo lo ve y todo lo sabe. Yo estoy seguro que, esas herramientas van a aparecer. Lo siento en mi corazón. También sé que si aparecen pronto Dios perdonará a los que las robaron.

Mientras Filemón decía estas palabras, Aurelio observó que un grupo de feligreses se acercaban a un hombre y le decían cosas al oído mientras y le daban palmadas en las espalda. Efraín se acercó a Aurelio y le dijo:

—Ese es el hermano Cándido. Ha estado llorando toda la mañana porque las herramientas que le robaron son muy caras, y sin ellas no puede trabajar. El hermano Filemón fue el que le consiguió el trabajo y no se atrevía a decirle que por descuidado las había dejado las en su camioneta y que por eso se las habían robado. Bendito, pobre Cándido. Trabaja mucho, anoche llegó a su casa tan tarde y tan cansado que no bajó las herramientas. Todos le dijimos que no se preocupara, que el hermano Filemón podía ayudarle, pero Cándido decía que no, que le había fallado a Filemón y que no se atrevía a pedirle nada.

—¿Y cómo Filemón se enteró de que le habían robado las herramientas?

—El hermano Filemón sabe todo lo que pasa aquí —respondió Efraín.

Aurelio observaba detenidamente a la muchedumbre que miraba fijamente al hermano Filemón asintiendo con la cabeza y balbuceando frases incomprensibles. A lo lejos divisó a un grupo de feligreses que parecían estar discutiendo acaloradamente. Una señora parecía estar regañando a un joven que permanecía quieto mirando hacia el suelo. Aunque la señora manoteaba enérgicamente frente a su cara y a veces parecía que iba a darle una bofetada el joven permanecía inmóvil. Al ver que Aurelio observaba detenidamente lo que estaba pasando, Jacinta se le acercó y le susurró al oído:

—Yo creo que las herramientas van a aparecer.

Antes de que Aurelio pudiera preguntar nada Efraín le tocó el hombro y mirándole fijamente le dijo:

—Esas herramientas aparecen porque aparecen. Ya verá, antes de que se termine el servicio.

Aurelio continuaba observando, cuando de pronto el joven levantó la cabeza, le dijo algo a la señora y salió corriendo del templo. Mientras corría, otros dos jóvenes se abrían paso entre la multitud para alcanzar la puerta de salida del templo. El servicio continuó. Aurelio no tenía idea de por dónde iba ni cuánto faltaba. Hubo lecturas, más canciones y una alocución que suponía era el sermón.

A diferencia de los sermones que Aurelio había escuchado antes en su iglesia, este era mucho más largo, pero todos prestaban atención. Además, en distintos momentos los feligreses contestaban con frases cortas que claramente formaban parte del ritual. Lo que más le sorprendía era la atención con la que todos escuchaban a Filemón. Le seguían con la mirada y parecían internalizar cada palabra que salía de su boca. A ratos, la gente levantaba las manos y las dejaban arriba durante varios minutos. Cuando parecía que el servicio iba a terminar, Aurelio le preguntó a Jacinta y a Efraín:

—¿Por qué están tan seguros de que las herramientas van a aparecer?

Efraín sonrió, pero no dijo nada. Jacinta le echó una fulminante mirada a su esposo mientras explicaba:

—Todos tenemos ojos y oídos, así que en esta comunidad todo se sabe.

En ese momento, Filemón se acercó al micrófono y dijo:

—Dios nos ha bendecido otra vez. Me acaban de informar que las herramientas del hermano Cándido han aparecido. Gloria a Dios.

Los feligreses comenzaron a aplaudir y a repetir a coro: "Gloria a Dios, gloria a Dios".

—Yo les dije que esas herramientas iban a aparecer y han aparecido. En esta comunidad no hay, ni puede haber ladrones.

Mientras Filemón decía estas palabras Efraín sonrió nuevamente. Aurelio se percató que varios hombres de la edad de Efraín también se miraban y sonreían.

Al terminar el servicio la gente comenzó a salir poco a poco del templo. Aurelio seguía observando detenidamente sus caras. Al llegar a la calle reconoció al guardia al que le había dado la nota para la hermana Encarna. Se le acercó para hablarle cuando el guardia le indicó con el dedo que se diera la vuelta. Cuando lo hizo se encontró con el hermano Filemón.

—¿Todavía quiere verme hermano? —preguntó Filemón mirándole fijamente a los ojos.

Aurelio se quedó pasmado mirándolo y luego de un momento respondió:

—Creo que usted sabe.

Filemón sonrió, giró lentamente la cabeza hacia ambos lados y continuó caminando entre la gente.

Sobre el Autor

José Luis Nieto Mingo nació en el madrileño barrio de Chamberí en 1964, de madre española y padre puertorriqueño. A los cinco años se fue a vivir con sus padres y su hermana a Puerto Rico donde fue a la escuela por primera vez. Durante los veranos de su infancia viajaba de Puerto Rico a Madrid para visitar a su numerosa familia materna. Estudió historia y derecho en universidades de Estados Unidos y Puerto Rico. Desde 1994 vive en Puerto Rico con su esposa Glorín con la que tiene tres hijas. Actualmente es abogado, profesor de derecho, columnista y estudiante doctoral de historia de Puerto Rico. *Recuerdos de Cosas que Nunca Pasaron* es su primer libro de cuentos.